나와 똑같은 또다른 나,
인간복제

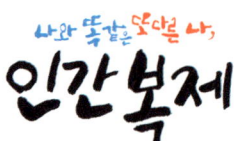

1판 2쇄 발행 2022년 11월 10일

글쓴이	김승태
그린이	김창희
편집	이용혁 허준회
디자인	문지현 오나경
펴낸이	이경민
펴낸곳	㈜동아엠앤비
출판등록	2014년 3월 28일(제25100-2014-000025호)
주소	(03737) 서울특별시 서대문구 충정로 35-17 인촌빌딩 1층
전화	(편집) 02-392-6901 (마케팅) 02-392-6900
팩스	02-392-6902
전자우편	damnb0401@naver.com
SNS	

ISBN 979-11-6363-315-0 (74400)

※ 책 가격은 뒤표지에 있습니다.
※ 잘못된 책은 구입한 곳에서 바꿔 드립니다.
※ 이 책에 실린 사진은 위키피디아, 셔터스톡에서 제공받았습니다.

도서출판 뭉치는 ㈜동아엠앤비의 어린이 출판 브랜드로, 아이들의 지식을 단단하게 만들어 주고, 아이들의 창의력과 사고력을 키워 주어 우리 자녀들이 융합형 창의 사고뭉치로 성장할 수 있도록 좋은 책을 만들겠습니다.

CLONE 펴내는 글

인간 복제 기술은 어느 정도 수준까지 왔을까?
복제 인간의 좋은 점과 나쁜 점은 무엇일까?

선생님의 질문에 교실은 일순간 조용해지기 시작합니다. 인내심이 한계에 다다른 선생님께서 콕 집어 누군가의 이름을 부르는 순간 내가 걸리지 않았다는 안도감에 금세 평온을 되찾지요. 많은 사람 앞에서 어떻게 말을 해야 할까 고민 한번 해 보지 않은 사람은 없을 겁니다.

사람들 앞에서 자신의 생각을 조리 있게 전달하는 기술은 국어 수업 시간에만 필요한 것이 아닙니다. 학교 교실뿐만 아니라 상급 학교 면접 자리 또는 성인이 된 후 회의에서도 자신의 의견을 분명히 표현할 수 있어야 합니다. 하지만 어디서부터 시작해야 할지 몰라 입을 떼는 일이 쉽지 않습니다. 혀끝에서 맴돌다 삼켜 버리는 일도 종종 있습니다. 얼떨결에 한마디 말을 하게 되더라도 뭔가 부족한 설명에 왠지 아쉬움이 들 때도 많습니다.

논리적 사고 과정과 순발력까지 필요로 하는 토론장에서 자신만의 목소리를 내려면 풍부한 배경지식은 기본입니다. 게다가 고학년으로 올라가서 배우는 수업과 진학 시험에서의 논술은 교과서 속의 내용만을 요구하지 않습니다. 또한 상대의 의견을 받아들이거나 비판하기 위해서도 의견의 타당성과 높은 수준의 가치 판단을 해야 하는 경우가 많은데, 자신의 입장을 분명히 하기 위해선 풍부한 자료와 논거가 필요합니다.

토론왕 시리즈는 우리주변에서 일어나는 다양한 사건과 시사 상식 그리고 해마다

반복되는 화젯거리 등을 초등학교 수준에서 학습하고 자신의 말로 표현할 수 있도록 기획되었습니다. 체계적이고 널리 인정받은 여러 콘텐츠를 수집해 정리하였고, 전문 작가들이 학생들의 발달 상황에 맞게 스토리를 구성하였습니다. 개별적으로 만들어진 교과서에서는 접할 수 없는 구성으로 주제와 내용을 엮어 어린 독자들이 과학적 사고뿐만 아니라 문제 해결력, 비판적 사고력을 두루 경험할 수 있도록 하였습니다. 폭넓은 정보를 서로 연결 지어 설명함으로써 교과별로 조각나 있는 지식을 엮어 배경지식을 보다 탄탄하게 만들어 줍니다. 뿐만 아니라 국어를 기본으로 과학에서부터 역사, 지리, 사회, 예술에 이르기까지 상식과 사회에 대한 감각을 익히고 세상을 올바르게 바라보는 눈도 갖게 할 것입니다.

『나와 똑같은 또 다른 나, 인간 복제』의 긍정이와 부정이는 겉모습이 똑같습니다. 혹시 둘은 복제 인간이 아닐까요? 그 비밀은 두 아이의 아버지인 K 박사만이 알고 있습니다. 일란성 쌍둥이와 복제 인간은 어떤 차이가 있을까요? 두 아이들은 인간 복제의 필요성과 문제점에 대해 이야기를 나눕니다. 인간 복제를 연구하는 K 박사의 설명까지 곁들여지면서 복제 인간에 대한 궁금증을 밝혀 가는 이야기가 진행됩니다. 이 책을 통해서 어린이 독자들이 인간 복제 기술의 현재와 미래, 그리고 어떤 해결해야 할 문제점들이 있는지 알게 된다면 더 없이 소중한 시간이 될 것입니다.

편집부

CLONE 차례

펴내는 글 · 4
체세포 복제를 알아? · 8

1장 복제 인간과의 만남 · 11

거울을 보는 아이

다른 생물의 복제

토론왕 되기! 멸종 동물이 복제 기술로 되살아난다면?

2장 복제 인간 찾기 · 33

인간 복제에 대한 도전

복제 인간인지 찾을 수 있는 방법

DNA 지문의 본질

토론왕 되기! 복제 동물의 한계를 극복할 수 있을까?

3장 복제의 장점과 단점 · 51

긍정이와 부정이의 한판 승부

또 다른 동물 복제

토론왕 되기! 인간 복제가 실현된 세상은 어떤 모습일까?

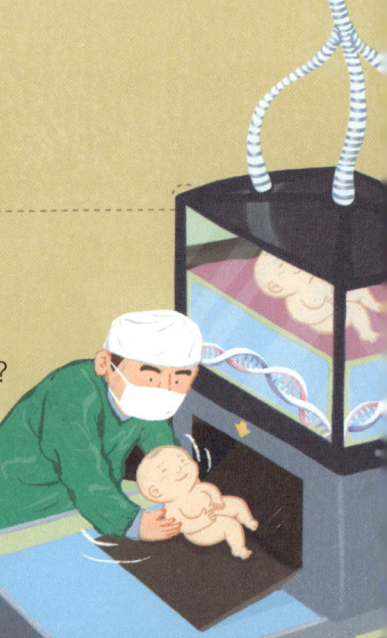

뭉치 토론 만화
약도 되고 독도 되는 인간 복제 · 75

4장 과연 인간 복제는 필요한 것인가 · 83

복제 인간의 영향력

밝혀진 비밀

토론왕 되기! 인간 복제는 누구를 위한 것인가?

5장 미래의 인간 복제 · 101

동물과 인간이 결합된 미래

미래의 인간 복제에 대비하며

토론왕 되기! 인간 복제는 과연 허용돼야 하는가?

어려운 용어를 파헤치자! · 123
인간 복제 관련 사이트 · 124
신나는 토론을 위한 맞춤 가이드 · 125

⌈CLONE⌉ 거울을 보는 아이

거울을 보고 있는 아이가 있습니다. 그 아이는 자신의 행동을 똑같이 따라 하는 재미에 푹 빠져 있습니다.

웃어도 보고 울어도 보고. 코도 파 보고, 혀도 내밀어 보고…… 아무도 보고 있지 않은 상태에서 이런 장난은 재미난 일이었습니다. 그런데 갑자기 이상한 일이 일어났습니다. 거울을 보고 있는 아이가 소리 내서 웃는데 거울 안쪽의 아이는 소리 내서 울었습니다.

이게 무슨 일일까요? 거울에 비친 아이는 다른 아이일까요? 둘 다 똑같이 생겼는데요. 자세히 들여다 보니 뭔가 이상합니다. 그들 사이에 있는 것은 거울이 아니라 유리였던 것입니다.

"갑자기 왜 웃는 거야?"

"그러는 너는 왜 우는데?"

그 둘은 똑같이 생겼습니다. 단지 한 가지 차이점이 있다면 서로 성격이 다르다는 것이었습니다. 한 아이는 밝은 성격이고 다른 한 아이는 어두운 성격이거든요. 밝은 성격의 아이 이름은 긍정이이고, 어두운 성격의 아이 이름은 부정이입니다.

그때 마침 K 박사가 연구소에서 연구를 마치고 집으로 돌아왔습니다.

"애들아, 아빠 왔다."

K 박사의 말에 둘은 동시에 달려왔습니다.

"아빠, 아빠."

둘은 아빠가 내미는 과자를 받았습니다.

"와, 맛있겠다. 감사히 먹겠습니다."

긍정이의 반응이었습니다. 그러나 부정이의 반응은 달랐습니다.

"이 맛 말고 다른 건 없어요? 꼭 이 맛만 사오더라. 쳇!"

긍정이가 과자를 입에 물며 말했습니다.

"아빠, 오늘은 복제 인간에 대해 이야기해 주세요. 사람들이 우리보고 복제 인간이라고 놀려요."

K 박사는 조금 생각을 하더니 이야기했습니다.

"그래, 이제 너희들도 복제 인간에 대해 판단을 내릴 수 있는 나이가 되었구나."

긍정이와 부정이의 귀가 동시에 쫑긋했습니다.

"원래 사람은 아빠의 정자와 엄마의 난자가 만나 수정란이 되어 태어나는 건데 복제 인간은 다른 방법으로 태어난단다."

"그게 무슨 소리예요?"

"사람의 몸을 이루고 있는 세포를 체세포라고 하는데 예를 들어 아빠의 체세포에서 유전자 정보를 가지고 있는 핵만 따로 뽑아내는 거야."

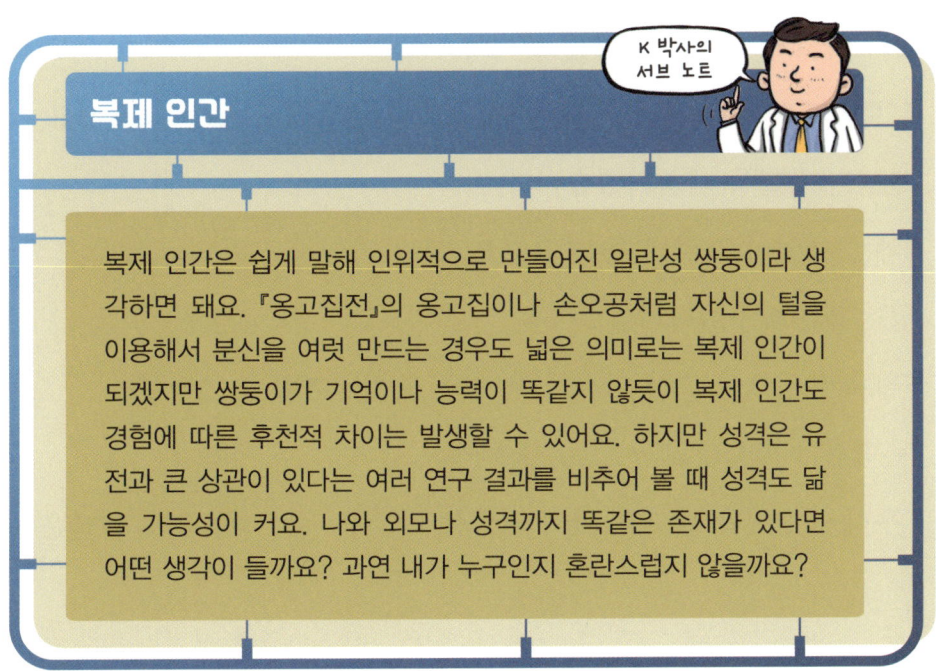

복제 인간

복제 인간은 쉽게 말해 인위적으로 만들어진 일란성 쌍둥이라 생각하면 돼요. 『옹고집전』의 옹고집이나 손오공처럼 자신의 털을 이용해서 분신을 여럿 만드는 경우도 넓은 의미로는 복제 인간이 되겠지만 쌍둥이가 기억이나 능력이 똑같지 않듯이 복제 인간도 경험에 따른 후천적 차이는 발생할 수 있어요. 하지만 성격은 유전과 큰 상관이 있다는 여러 연구 결과를 비추어 볼 때 성격도 닮을 가능성이 커요. 나와 외모나 성격까지 똑같은 존재가 있다면 어떤 생각이 들까요? 과연 내가 누구인지 혼란스럽지 않을까요?

"어느 세포든 상관이 없나요?"

"팔다리 세포라도 상관이 없단다."

부정이가 입을 삐죽거렸습니다.

"나, 팔다리에서 태어나기 싫어."

K 박사는 싱긋 웃으며 말을 계속 이어 나갔습니다.

"그리고 그 핵을 이미 수정된 수정란의 핵과 바꿔치기하는 거지. 이러면 이 수정란은 원래의 유전자 대신 아빠의 유전자 정보를 가진 아이로 자라나게 되는 거란다. 엄마 뱃속에서 태어나는데 너희들의 동생이 아니라 아빠가 다시 태어나는 셈이야."

"그럼 그 아기는 뭐라 불러야 하나요? 삼촌? 아빠 2호? 복잡해요."

부정이가 입을 삐죽거렸습니다.

"왜 쓸데없이 그런 일을 하냐고요. 그냥 자연적으로 되는 것을."

긍정이가 대꾸했습니다.

"필요가 있으니 그런 기술이 생겨난 게 아닐까?"

K 박사가 말했습니다.

"우리 긍정이가 뭔가 과학적 사고를 하는구나. 그래, 복제 기술은 유

전병 치료나 멸종 동물 복원 등 다양한 분야에서 활용되고 있지."

부정이가 여전히 투덜댔습니다.

"난 복제 기술 싫어. 똑같은 게 많으면 누가 누군지 모르잖아."

"복제 인간도 좋은 점은 있어. 만약 네가 사고로 다리를 잃어버렸을 때 다리를 다시 똑같이 만들 수 있다면 얼마나 좋을까? 그게 인간 복제의 좋은 점 중 하나라고 말하는 의사들도 있단다. 하지만 그 이야기는 차차 이야기하기로 하고, 너희들 연구실 구경 가고 싶지 않니?"

긍정이는 아주 좋아하며 대답했습니다.

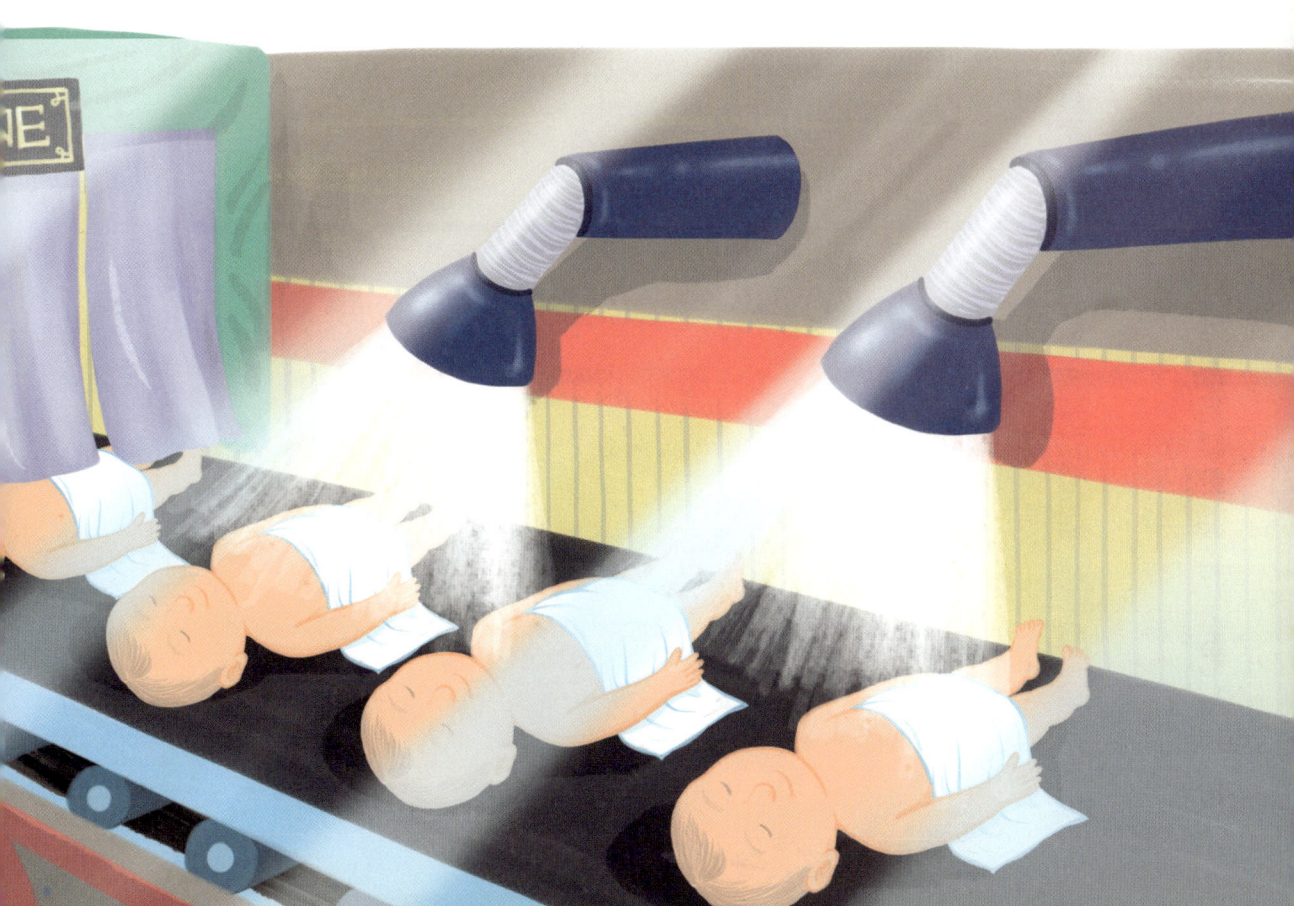

인간 복제가 불법이라고?

K 박사의 서브 노트

인간 복제는 기술적으로도 아직 넘어야 할 산이 많지만 윤리적으로도 복제 인간을 낳아줄 대리모 문제 등 끊임 없이 논란이 이어지고 있답니다. 무엇보다 가장 큰 문제는 복제 인간의 인권이에요. 장기 이식 등을 위해 복제한 인간에게서 장기를 떼어낸다면 복제 인간은 죽게 되니까요. 그래서 국제연합(UN)은 2005년에 인간 복제 금지 성명을 채택하였고, 70여 개 국가가 인간 복제를 거부하는 법을 제정했답니다. 우리나라도 '생명윤리 및 안전에 관한 법률'로 인간 복제를 금지하고 있어요.

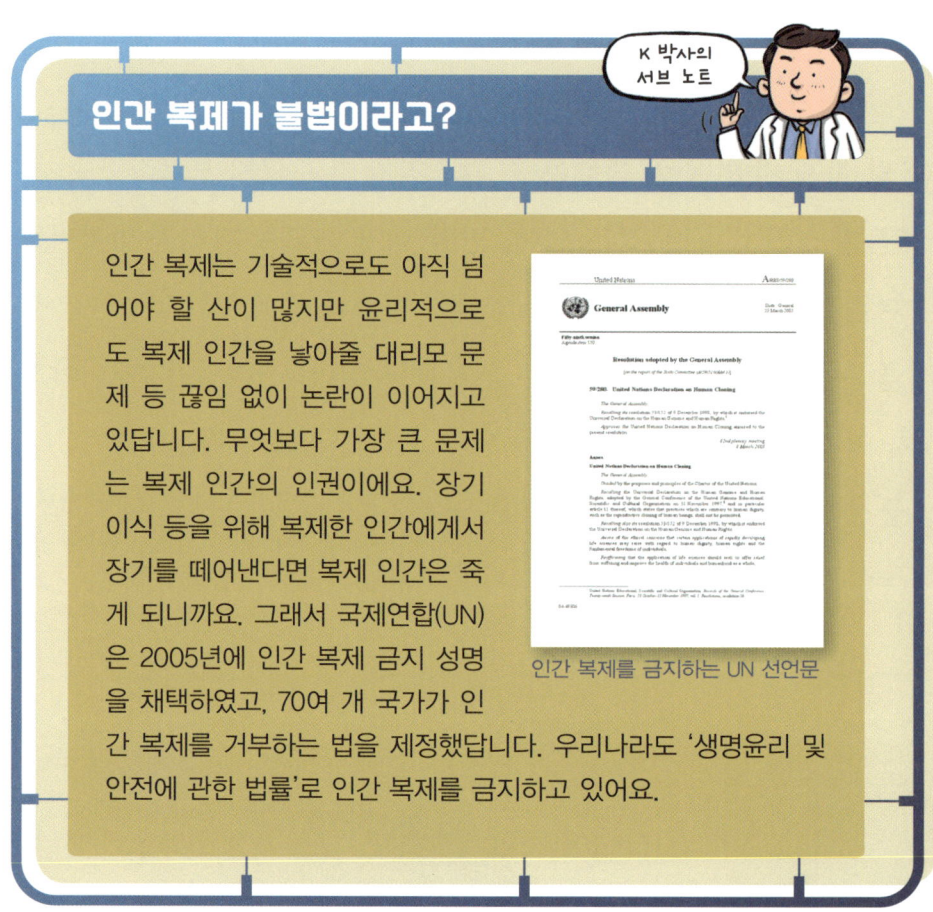

인간 복제를 금지하는 UN 선언문

"네."

그러나 부정이는 여전히 부정적이었습니다.

"연구실에는 큰 개가 있어서 싫어요."

K 박사가 웃으며 말했습니다.

"어제 맛있는 피자를 연구실에 두고 왔는데……. 슈프림 피자였던

가?"

갑자기 부정이가 더 적극적이 되었습니다. 긍정이의 손을 이끌며 가자고 보챕니다.

"긍정아, 뭐해. 준비 안 하고."

"알았어. 가자."

긍정이는 부정이와 함께 연구실을 향해 발걸음을 옮겼습니다.

CLONE 다른 생물의 복제

연구소를 둘러보던 긍정이는 자신의 손바닥 크기의 세 배나 되는 토마토를 보았습니다.

"우와, 아빠. 이 토마토는 왜 이리 커요?"

"하하하, 이 아빠가 토마토의 유전자를 살짝 바꾸었지."

부정이가 큰 토마토를 보며 말했습니다.

"난 작은 방울토마토는 좋은데. 큰 토마토는 싫어."

그러다가 부정이는 큰 토마토 옆에 있는 방울토마토보다 더 작은 콩알 크기의 토마토를 보며 놀랐습니다.

"뭐야, 저 토마토는 왜 저리 작아요?"

"그것도 이 아빠가 살짝 손을 봤단다."

K 박사가 두 개의 토마토를 왼손과 오른손에 각각 올려놓았습니다. 똑같은 토마토였지만 크기가 너무 달랐습니다.

부정이가 콩알 크기의 토마토를 한 입에 쏙 넣으며 말했습니다.

"이거 씹기도 전에 이빨에 끼일 것 같아서 싫어. 아빠는 왜 이런 걸 연구하는 건가요?"

K 박사가 웃었습니다.

"우리 부정이가 좋은 질문을 하는구나. 하하하. 다 농부들을 위해서지."

"그게 무슨 말인가요. 농부를 위해서라고요?"

"부정이 네가 토마토 농사를 짓는다면 맛있는 토마토를 생산하고 싶니, 아니면 맛없는 토마토를 생산하고 싶니?"

"저는 토마토를 싫어해요. 하지만 제가 토마토를 생산하게 된다면 물론 맛있는 토마토겠죠."

"바로 그거다. 같은 종류의 토마토라고 해도 그 맛은 다 다르단다."

긍정이가 나섰습니다.

"아, 그럼 어떤 토마토는 맛있어서 잘 팔리고 어떤 토마토는 맛이 없어서 잘 안 팔리겠군요."

"그렇지, 우수한 토마토끼리 품종 개량을 시켜도 맛있는 토마토만 만들어 내기가 쉽지 않아."

부정이가 또 투덜댔습니다.

"그게 무슨 소리예요. 맛있는 품종끼리 교배를 시키면 당연히 맛있는 토마토가 나오는 게 정상 아닌가요? 맛없는 토마토가 나온다는 그런 말도 안 되는 상황이 싫어."

"그건 말이다. 자연 상태의 교배라서 그런 거란다."

"자연 상태의 교배요? 무슨 말인지 잘 모르겠어요."

"음, 그럼 사람으로 예를 들어 볼까? 너희 반에 철수라는 아이 있지?"

"네, 박철수 말이죠?"

"그래, 그 아이의 부모님은 두 분 다 농구 선수를 하실 만큼 키가 크지만 철수는 평균 정도의 키인 것처럼 부모의 형질이 그대로 자식에게 이어지는 것은 아니란다. 왜냐하면 한 인간이나 생명체가 만들어지는 과정에는 여러 가지 변할 수 있는 요인이 많거든. 엄마가 낳는 아이들도 10개월간 엄마 몸속에서 무수히 많은 변화 과정을 거치게 돼. 그렇게 되면 어떤 결과가 나올지 과학자들도 예상할 수 없단다. 식물들도 자연 속에서 일어나는 일에 대해 확실하게 예상하기 힘든 경우가 많아."

긍정이가 큰 토마토가 달려 있는 여러 개의 줄기들을 가리키며 말했습니다.

"하지만 아빠는 저렇게 다 똑같이 큰 토마토가 열리는 줄기를 만드셨잖아요."

K 박사는 미소를 지으며 토마토를 여러 개 땄습니다. 그리고 부정이와 긍정이에게 골고루 한 입씩 먹어 보라고 했습니다.

"우와, 다 똑같이 맛있어요."

"맛은 있지만 나는 작은 토마토가 한 입에 들어가서 좋아."

부정이의 말에 K 박사님이 웃었습니다.

"하하하, 저 토마토들은 씨앗을 심어서 만든 토마토들이 아니란다. 씨앗으로 재배한 토마토는 자연 상태에서 일정한 맛을 내지 못하지. 맛이 다 제각각이야."

"씨앗에서 자란 토마토가 아니면……."

이때, 부정이가 끼어들었습니다.

"마트에서 사 왔다는 말이죠?"

"하하하. 부정아, 마트에서 사 온 것이 아니라 저 토마토는 영양 생식이라는 방법으로 재배한 거란다."

영양 생식이란?

K 박사의 서브 노트

식물에게서만 찾아볼 수 있는 생식 방법으로 잎, 줄기, 뿌리처럼 생식에 관계하지 않는 몸의 일부분이 갈라져 새로운 개체가 되는 것을 말해요. 암수가 결합하지 않는 무성 생식이므로 어미 식물과 새끼 식물이 같은 유전자를 가지며 유성 생식에 비해 빠른 번식이 가능해요.

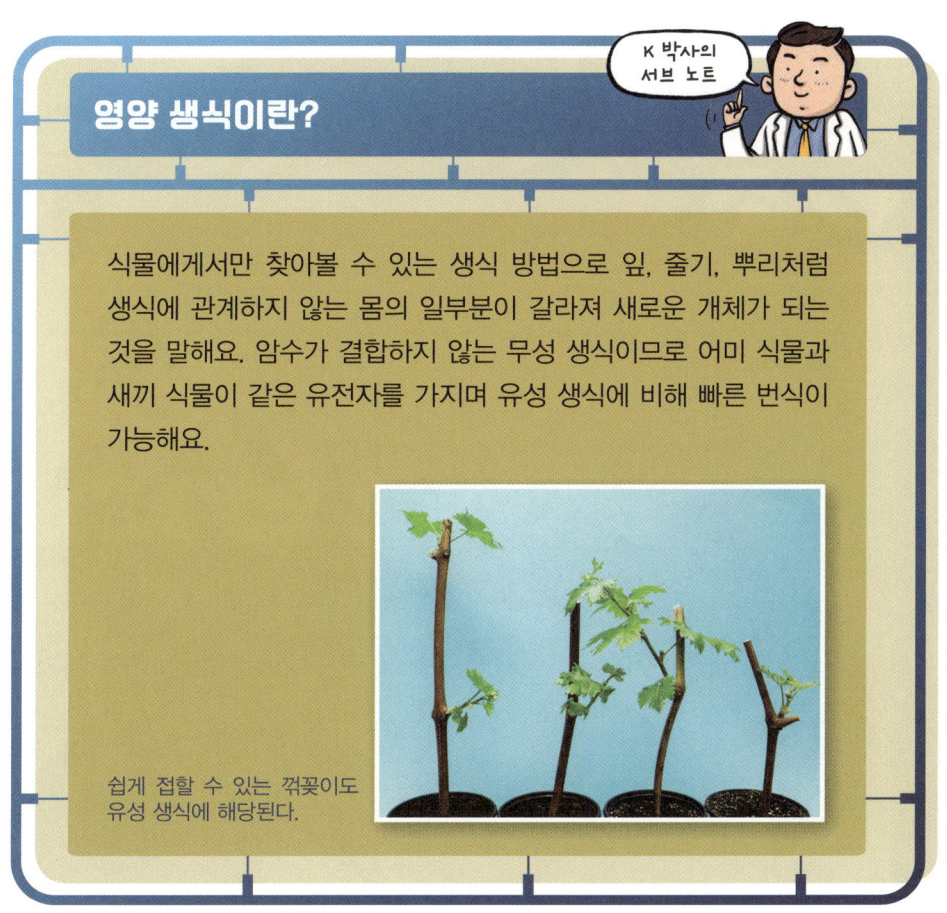

쉽게 접할 수 있는 꺾꽂이도 유성 생식에 해당된다.

1장 복제 인간과의 만남

부정이가 나서서 다시 질문을 했습니다.

"그냥 씨앗만 뿌리면 알아서 쑥쑥 잘 자라는데 왜 쓸데없이 이런 짓을 해요?"

"영양 생식을 하는 이유는 씨앗을 이용하는 것보다 잘 자라고, 꽃 피고, 열매 맺는 데 시간이 적게 걸리며, 우수한 품종을 그대로 유지할 수 있는 장점이 있기 때문이야."

긍정이가 K 박사의 말을 거들었습니다.

"좋은 토마토만을 딱 찍어서 이용할 수 있다는 장점이 있다는 말씀이시죠?"

"그래, 바로 그거란다."

그러나 부정이는 여전했습니다.

"그래도 나는 작은 토마토가 더 좋아."

"그런데 큰 토마토는 왜 계속 먹어?"

"맛있는 토마토는 더 좋으니까."

"하하하, 그럼 다음은 복제에 관한 다른 실험을 해볼까?"

이번엔 K 박사가 이상한 생물을 하나 가지고 왔습니다. 지렁이와 비슷하게 생긴 생물이었습니다.

부정이는 그것이 지렁이라고 생각한 듯했습니다.

"나는 지렁이도 싫어."

하지만 K 박사가 가져온 생물은 지렁이가 아니라 플라나리아였습니다.

K 박사는 아이들에게 플라나리아를 자르는 장면을 보여 주지는 않고 두 마리를 각각 가로와 세로로 잘랐습니다.

그리고 어떤 일이 생기는지 확인하기 위해 일주일 후에 아이들과 다시 연구소를 찾기로 했습니다.

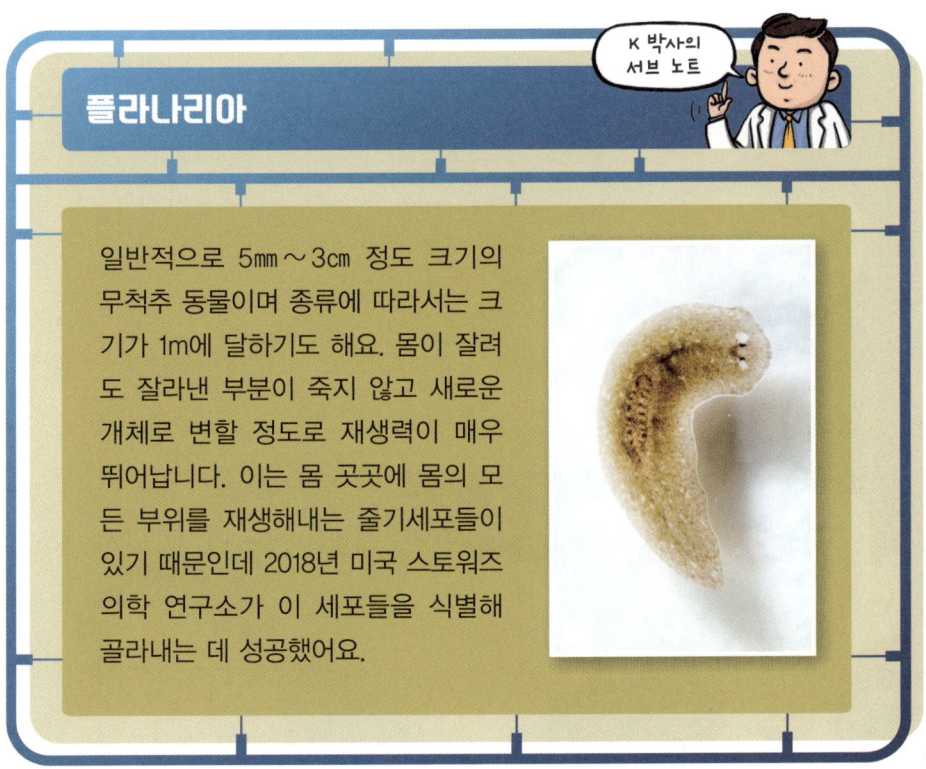

플라나리아

K 박사의 서브 노트

일반적으로 5mm~3cm 정도 크기의 무척추 동물이며 종류에 따라서는 크기가 1m에 달하기도 해요. 몸이 잘려도 잘라낸 부분이 죽지 않고 새로운 개체로 변할 정도로 재생력이 매우 뛰어납니다. 이는 몸 곳곳에 몸의 모든 부위를 재생해내는 줄기세포들이 있기 때문인데 2018년 미국 스토워즈 의학 연구소가 이 세포들을 식별해 골라내는 데 성공했어요.

생명체 복제 주요 사건

1962년 - 개구리 복제 (영국 옥스퍼드대. 첫 체세포 복제)

1983년 - 생쥐 복제 (영국. 생식 세포 복제)

1986년 - 면양 복제 (영국. 생식 세포 복제)

1996년 - 면양 '돌리' 복제 (영국 로슬린 연구소, 세계 최초 포유류 체세포 복제)

1998년 7월 - 소 복제 (일본 긴키대)

1998년 7월 - 생쥐 복제 (미국 하와이대)

1999년 2월 - 젖소 '영롱이' 복제 (황우석 교수 팀)

2000년 6월 - 염소 복제 (중국 시베이 농림과학기술대)

2001년 1월 - 멸종 위기 아시아 황소 '가우르' 복제 (미국 ACT사. 멸종 위기 동물 첫 복제. 48시간 후 사망)

2001년 12월 - 고양이 복제 (미국 텍사스 A&M대)

2002년 3월 - 토끼 복제 (프랑스 농학원. IRNA)

2002년 7월 - 국내 첫 형질 전환 돼지 복제 (경상대)

2002년 8월 - 장기 이식용 돼지 복제 (영국 PPL 세라퓨틱스사)

2003년 5월 - 노새 복제 (미국 아이다호대)

2003년 5월 - 말 복제 (이탈리아 생식 기술 연구소)

2004년 7월 - 국내 첫 고양이 복제 (한국 순천대, 세계 2번째)

2005년 6월 - 국내 첫 염소 복제 (한국 진주산업대)

2007년 3월 - 늑대 복제 (한국 서울대)

2018년 1월 - 첫 원숭이 복제 (중국 신경과학 연구소)

2020년 9월 - 40년 냉동 보관 세포로 멸종위기종 프르제발스키 말 복제 (미국 샌디에이고 동물원 등)

멸종 동물이 복제 기술로 되살아난다면?

미국 하버드대 조지 처치 교수는 2017년 2월에 "아시아코끼리와 매머드의 유전자를 접합한 배아를 만들고 10년 내에 멸종된 매머드를 재탄생시킬 것"이라고 밝혔어요. 체세포를 이용해 멸종 동물을 복원하는 연구는 오래 전부터 이어져 왔지만 멸종된 동물들의 세포를 구할 길이 없었기에 뚜렷한 성과를 보이지 못했죠. 그런데 '유전자 가위' 기술이 개발되면서 돌파구가 생겼습니다.

유전자 가위는 유전자를 잘라내는 효소인 '크리스퍼'와 특정한 유전자에만 달라붙는 유전물질인 'RNA(리보핵산)'를 결합한 것을 말해요. 쉽게 말해 가위와 풀을 가지고 원하는 유전자를 마음대로 자르거나 이어붙일 수 있다는 것이죠. 최신 크리스퍼 가위인 '크리스퍼-캐스9'을 개발한 두 과학자 에마뉴엘 샤르팡티에와 제니퍼 다우드는 2020년 노벨 화학상을 수상하기도 했어요.

생명공학 벤처 메디키네틱스의 이윤수 박사는 "매머드 사체에서 조각나고 훼손된 유전자를 분석한 다음, 이를 참조로 아시아코끼리의 유전자를 유전자 가위로 교정해 온전한 매머드 세포를 만들어낼 수 있다."고 말했습니다. 물론 코끼리 세포로 매머드 세포를 만들려면 7000만 개 이상의 유전자를 교정해야 하기에 쉬운 일은 아니었고 한때 유전자 학계는 처치 박사의 발언을 '가짜 뉴스'라고 깎아내리기도 했어요.

그러나 2019년에 러시아와 일본 과학자들이 2만 8000년 전 시베리아에 살았던 매머드의 사체로부터 세포 움직임을 복원하는데 성공을 거두면서 매머드 복원의 가능성이 되살아났어요. 이 연구에도 복제 방식이 적용되었죠. 매머드로부터 조직을 채취해 실험용 쥐의 세포에 주입해 만든 매머드 세포 움직임을 관찰한 것이에요. 연구팀은 한 개의 세포가 두 개의 세포로 갈라져 세포의 개수가 불어나는 세포 분열이 다음 과제라고 말했어요. 이렇게 조금씩 기술이 발전해 나가면 언젠가는 매머드는 물론이고 과거에 멸종했던 동물들을 되살리는 생태계 복원이 가능하다고 과학계는 내다보고 있습니다.

멸종된 동물들을 복제 기술로 복원한다면 지금 생태계에 어떤 영향이 생길지 토론해 봅시다.

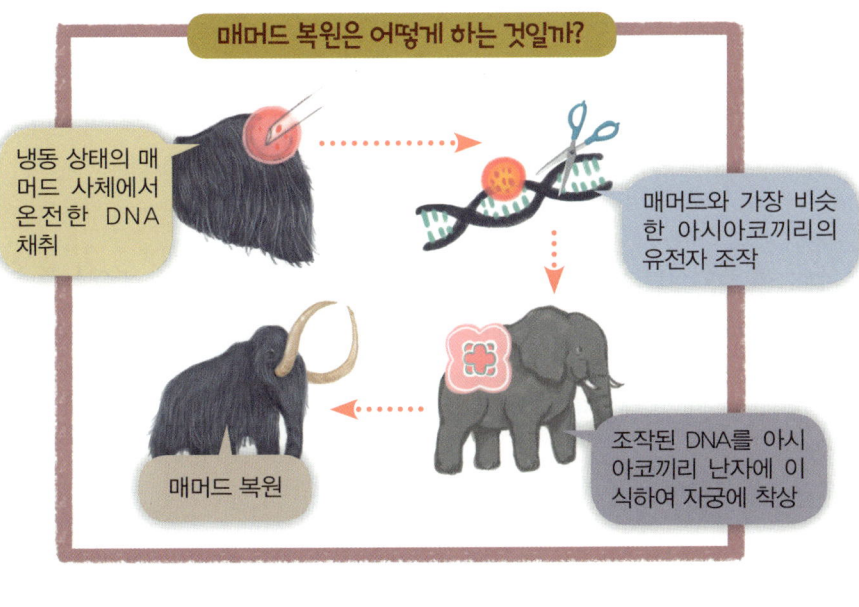

가로 세로 퍼즐

주어진 내용을 보고 가로 세로 퍼즐을 완성해 보아요.

가로 퍼즐

① 재배·사육하는 생물의 유전 형질을 더 좋게 만드는 일
③ 나음과 못함. ○○을 가리기 어렵다.
⑦ 사람의 힘이 더해지지 아니하고 저절로 생겨난 산, 강, 바다, 식물, 동물
⑨ 먹거나 마실 수 있는 모든 것
⑩ 과학 이론을 적용하여 사물을 인간 생활에 유용하도록 하는 수단. 과학과 ○○의 발달
⑬ 종자. 동물이 알로 번식한다면 식물은 이것으로 번식하죠.
⑭ 뿌리를 단위로 한 초목의 낱개. 배추 한 ○○

세로 퍼즐

② 어떤 기준에 따라 여러 가지로 나눈 갈래
④ 식물의 이것 속에 씨가 있어요.
⑤ 남자는 정자, 여자는 이것
⑥ 생물이 자손 생산에 사용하는 기관
⑧ 어떤 일이나 사물에 대하여서 깊이 있게 조사하고 생각하여 진리를 따져 보는 일
⑪ 벼의 씨
⑫ 생명체의 특성을 모두 가지고 있는 가장 작은 단위. ○○ 분열

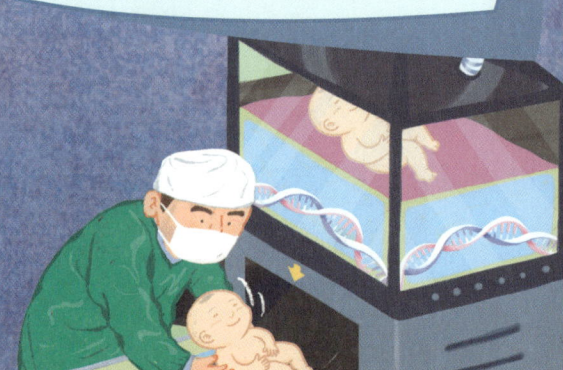

정답: (가로 열쇠) ①품종 개량 ③장단 ⑦자연 ⑨음식 ⑩기술 ⑬씨앗 ⑭포기 (세로 열쇠) ②종류 ④열매 ⑤난자 ⑥생식기 ⑧연구 ⑪볍씨 ⑫세포

🫘 인간 복제에 대한 도전

일주일 후가 되었습니다.

긍정이가 플라나리아를 보며 이야기했습니다.

"우와, 아빠 대단해요."

그러나 부정이는 역시나 부정적이었습니다.

"나는 대단한 거 싫어."

긍정이와 부정이가 대단하다고 할 만했습니다. 각각 두 동강이 나서 죽어 있어야 할 플라나리아가 펄펄 살아 움직이고 있었기 때문입니다. 그리고 또 하나는 두 마리가 아니라 네 마리가 되어 있었습니다.

"아빠, 이게 어떻게 된 거죠?"

궁정이는 그 이유가 무엇인지 궁금해 죽겠습니다.

"아빠가 죽은 것을 버리고 다시 잡아 왔겠지."

부정이가 애써 부정하는 듯 말했습니다. 플라나리아가 늘어난 사실을 인정하기 싫은 것 같았습니다.

"하하하, 아니다. 플라나리아는 자신의 몸의 일부만 가지고도 완전한 자신의 모습을 복제할 수 있단다."

K 박사는 플라나리아 한 마리를 자신의 손 위에 올려놓았습니다.

"우리 같은 과학자들은 이런 생물의 신비한 특성들을 연구하여 인간 복제에 도전하고 있는 거란다."

부정이가 끔찍한 표정을 지었습니다.

"우엑, 팔이 쑥쑥 자라면서 다시 사람의 모습으로 변한다고 생각하니 끔찍해요."

"하하하, 아직 그런 기술은 가능하지 않으니 크게 걱정하지 않아도 된단다."

K 박사가 도마뱀의 꼬리를 보여 주었습니다.

"도마뱀은 위험한 상황이 닥치면 자신의 꼬리를 스스로 자르고 도망간단다."

부정이가 질겁을 했습니다.

"스스로 몸 자르는 거 싫어."

긍정이가 궁금해서 물었습니다.

"꼬리가 잘린 도마뱀은 어떻게 되나요?"

"걱정하지 마라. 도마뱀은 꼬리가 잘려도 시간이 지나면 다시 자라 꼬리가 생긴단다. 이런 것을 재생이라고 부르지. 하지만 인간에게는 아직 그와 같은 능력이 없어. 그래서 내가 하고 있는 인간의 복제가 힘든 거란다."

힘들다는 말에 부정이가 또 나섰습니다.

"힘든 거 싫어."

긍정이가 K 박사를 쳐다보며 물었습니다.

도마뱀의 꼬리 자르기에 숨겨진 비밀

피부에 상처가 나고 어느 정도 시간이 지나면 상처는 사라지고 새로운 피부가 재생되어 있습니다. 하지만 상처가 아주 크거나 절단된 경우에는 그렇지 못하죠. 그런데 지구상에 살고 있는 생물 중 몸의 일부가 절단되어도 다시 재생되는 엄청난 능력을 가지는 것이 존재합니다. 대표적인 것이 바로 도마뱀이죠.

도마뱀의 꼬리는 생존을 위해 진화한 것입니다. 일부 도마뱀은 적을 만날 경우 꼬리를 자르고 도망갑니다. 잘린 꼬리는 마치 살아있는 것처럼 움직이고, 적이 꼬리에 한눈이 팔린 사이 도마뱀은 모습을 감춥니다. 그런데 도마뱀의 꼬리는 잘리는 부분이 정해져 있어요. 뼈나 피부가 절단되는 것이지만 절단되는 즉시 근육과 혈관이 빠르게 수축하기 때문에 피가 많이 나오지는 않습니다.

도마뱀의 꼬리 자르기 능력은 신체 행동을 제어하는 중추 신경계에서 내리는 명령입니다. 사람으로 비유하자면 위협적인 순간에 머리를 먼저 가리는 것과 같습니다. 생존을 위한 반사적 본능인 것이죠.

그런데 도마뱀의 꼬리는 방향 전환을 하거나 균형을 잡는 역할을 하는데 꼬리가 절단되면 이것이 자유롭게 이루어지지 못해요. 무리에서 떨어질 확률이 높아지고 그래서 또다시 적과 마주칠 확률이 높아집니다. 꼬리 자르고 재생하는 도마뱀의 능력은 정말 신기하고 좋은 것처럼 보이지만 사실 이 능력은 평생 동안 딱 한 번만 사용할 수 있어요. 정말 목숨이 위급한 순간에 딱 한 번 꼬리를 자르고 도망갈 수 있다는 것이죠.

"그러면 인간에게 재생할 수 있는 능력이 있다면 인간 복제가 가능하겠네요?"

"그렇지. 그게 복제의 핵심이란다. 재생 능력. 긍정이가 응용력이 좋구나."

갑자기 긍정이가 진지한 표정을 짓더니 K 박사에게 물어봤습니다.

"아빠, 친구들이 매일 우리보고 복제 인간이라고 놀리는데 진짜 우리 둘 중 하나는 복제 인간인가요?"

긍정이의 돌발적인 질문에 K 박사는 잠시 고민하다가 이내 장난기 섞인 표정으로 답했어요.

"음, 과연 누가 복제 인간일까? 내가 힌트를 줄 테니 너희들이 알아맞혀 보려무나."

복제 인간을 찾을 수 있는 방법

K 박사는 복제 인간을 가려낼 수 있는 방법을 이야기하려고 합니다.

"아빠와 같이 복제를 연구하는 과학자는 가짜와 진짜를 가려내는 검사 방법을 알고 있어."

"진짜요?"

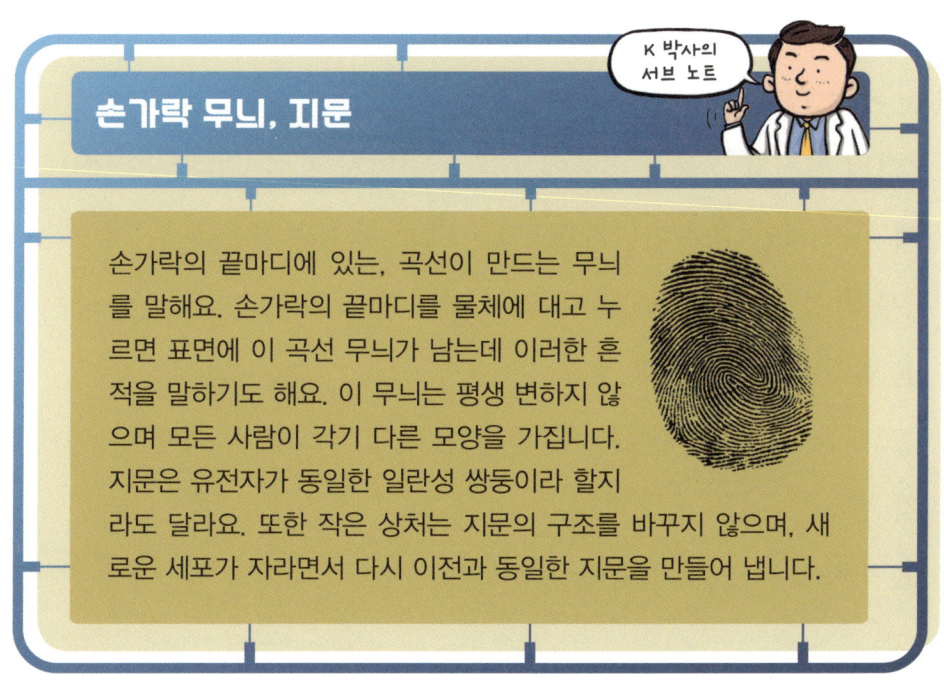

손가락 무늬, 지문

손가락의 끝마디에 있는, 곡선이 만드는 무늬를 말해요. 손가락의 끝마디를 물체에 대고 누르면 표면에 이 곡선 무늬가 남는데 이러한 흔적을 말하기도 해요. 이 무늬는 평생 변하지 않으며 모든 사람이 각기 다른 모양을 가집니다. 지문은 유전자가 동일한 일란성 쌍둥이라 할지라도 달라요. 또한 작은 상처는 지문의 구조를 바꾸지 않으며, 새로운 세포가 자라면서 다시 이전과 동일한 지문을 만들어 냅니다.

"너희들, DNA 지문이라고 들어 봤니? 오늘 처음 들어 본 말일 거다."

"DNA 지문?"

"지문이라는 말은 들어 봤지? 사람과 사람을 구별할 수 있는 것이 바로 지문이거든. 모든 사람의 지문 생김새가 다 다르단다."

"아빠, 지문은 알겠는데, DNA는 무슨 말이에요?"

부정이가 지문을 문지르며 말했습니다.

"DNA를 알기 전에 우선 유전자라는 말부터 해야겠구나. 유전자란 부모로부터 자식에게 전달되는 정보인데. 이러한 유전자 정보를 가지고 있는 것을 DNA라고 한단다."

"그럼 유전자 정보가 뭐냐에 따라 누구인지 알 수 있다는 거네요? 그런데 이건 개인 정보 아닌가요? 개인 정보 유출은 싫은데."

"부정이가 과학책을 많이 읽더니 아는 것도 많구나."

K 박사가 말했습니다.

"그래, 바로 이런 DNA 지문을 이용해서 어느 쪽이 진짜인지 구별해 내지."

K 박사의 설명을 더 들어 볼까요?

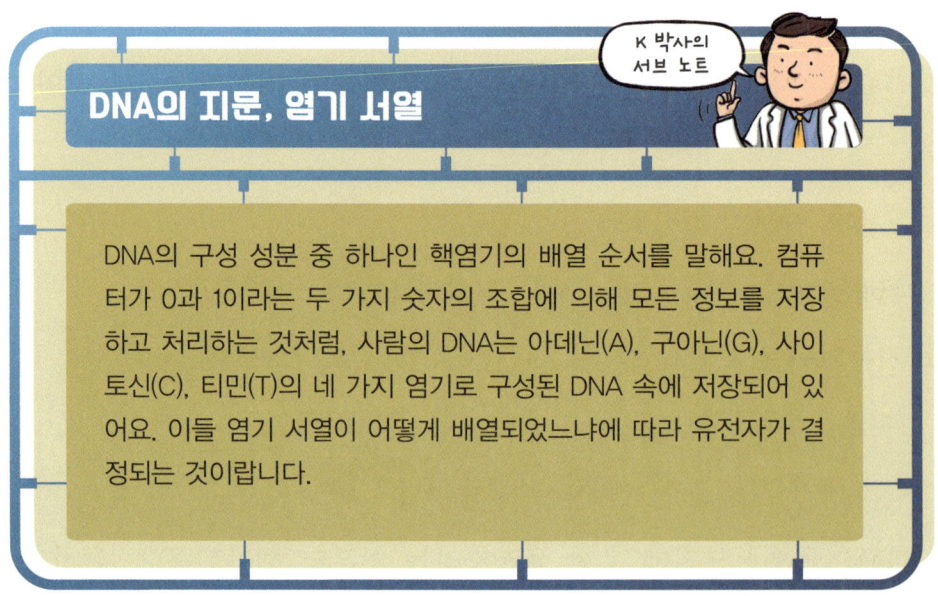

DNA의 지문, 염기 서열

DNA의 구성 성분 중 하나인 핵염기의 배열 순서를 말해요. 컴퓨터가 0과 1이라는 두 가지 숫자의 조합에 의해 모든 정보를 저장하고 처리하는 것처럼, 사람의 DNA는 아데닌(A), 구아닌(G), 사이토신(C), 티민(T)의 네 가지 염기로 구성된 DNA 속에 저장되어 있어요. 이들 염기 서열이 어떻게 배열되었느냐에 따라 유전자가 결정되는 것이랍니다.

"사람마다 DNA의 염기 서열이 달라. 지문이 사람마다 다르듯이 DNA도 다르기 때문에 DNA 지문이라고 하는 거야. 따라서 사람 DNA의 염기 서열을 분석하면 각 개인의 유전적 차이를 구별할 수 있지."

과학책을 많이 읽은 두 아이였지만 K 박사의 말에 궁금한 점이 많았습니다.

"누구에게서 복제되었는지 알 수 있다는 뜻인가요?"

"음, 무척 예리하구나. 좀 더 자세히 예를 들어 이야기해 줄게."

DNA 지문의 본질

K 박사가 이야기를 하나 해 주었습니다.

"복제 양 돌리의 경우를 들어 문제를 하나 내 보마. 돌리가 탄생하려면 일단 체세포를 제공할 수컷 양이 필요하고, DNA의 난자를 제공할 암양과 함께 수정란을 잉태할 암양 한 마리가 더 필요해."

K 박사가 아이들에게 물었습니다.

"이렇게 되면 복제 양 돌리는 양 세 마리 중 누구의 아이일까?"

부정이가 먼저 대답했습니다.

"아무래도 양을 낳은 어미 양 아닐까요?"

"음, 긍정이 생각은 어떠니?"

"저는 DNA 난자를 제공한 암양이 아닐까 하는데요."

"어려운 문제였구나. 복제 양 돌리는 몸을 이루고 있는 세포인 체세포를 제공한 수컷 양의 자식이란다."

긍정이와 부정이가 놀란 표정을 지었습니다.

"헉, 그래요?"

"정말요?"

"너희들에게 보여 주려고 자료를 하나 들고 왔지."

K 박사가 가져온 자료에는 바코드 같은 기호가 그려져 있었고, 그 위에 뭔가가 쓰여 있었습니다.

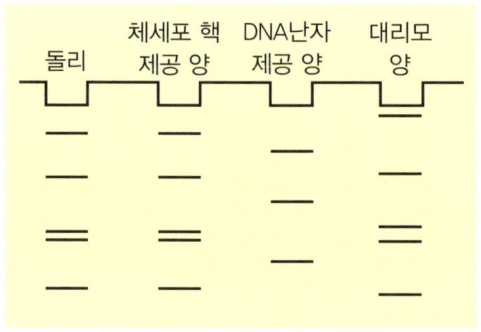

돌리가 정말 체세포 핵을 제공한 양을 복제한 것인지 아닌지 알아보기 위해서는 돌리와 체세포 핵을 제공한 양, 난자를 제공한 양, 수정란

을 잉태한 암양들의 DNA 지문을 비교해 보면 된다고 했습니다.

 K 박사의 자료를 찬찬히 살펴보도록 할까요?

 결과를 보니 돌리의 DNA 지문이 체세포 핵을 제공한 아빠 양의 DNA 지문과 정확하게 일치한다는 것을 알 수 있었습니다. 이렇게 해서 DNA 지문을 통해 돌리가 누구의 아이인지 밝혀낼 수 있었습니다.

 긍정이와 부정이가 동시에 K 박사를 쳐다봤습니다.

 "그럼 우리 중 누가 복제 인간이지요?"

 "음, 그건 아직 말해 줄 수 없어. 그러나 짐작은 너희들의 몫이다. 내가 체세포 제공자일 수도 있으니까. 하하하. 차차 알게 될 거다. 그전에 너희들 복제의 장점과 단점에 대해 알고 싶지 않니?"

이제는 비밀번호 누르지 마세요. 생체 인식 기술이 있으니까요!

복잡한 패턴과 숫자로 비밀번호를 입력하던 시대는 지났습니다. 이제는 다양한 생체 인식 기술이 그 자리를 대신하고 있기 때문입니다. 생체 인식은 사람마다 신체 모양이 제각각 다른 영역을 활용합니다.

❌ 얼굴 인식
- 인식 과정: 인물 캡처→데이터 추출→신원 확인
- 모자나 안경, 렌즈를 착용해도 식별할 수 있을 만큼 고도화 됨

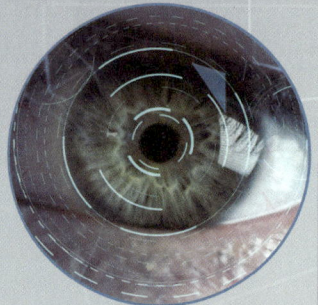

❌ 홍채 인식
- 적외선 카메라로 인식
- 생체 인식 기술 중 가장 정확도가 높아 인식 오류가 적고 보안성이 높음

❌ 정맥 인식
- 적외선으로 손바닥 정맥 스캔
- 복제가 거의 불가능하여 높은 보안성으로 공항에서 사용

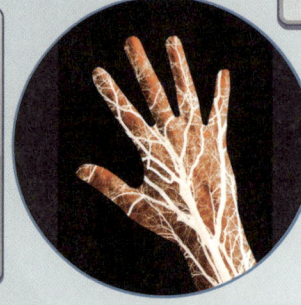

❌ 지문 인식
- 정확도가 우수하고, 인증 절차가 비교적 간단해 가장 보편화된 기술
- 지문 입력 단계와 인증 단계를 거쳐 이루어짐

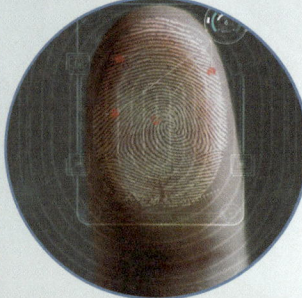

오늘날 생체 인식은 금융, 통신, 보안, 자동차, 의료 등의 분야에서 본인 인증 수단으로 광범위하게 적용되고 있습니다.

⊗ 음성 인식
타이핑이나 터치가 아닌 음성으로 명령을 내리고 기계도 음성으로 답하는 인터페이스

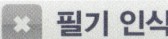

⊗ 필기 인식
서명의 패턴이나 손의 움직임에 의한 궤도에 의해서 식별

⊗ 타이핑 인식
타이핑의 리듬 및 패턴 정보와 기타 행동으로 인증

⊗ 걸음걸이 인식
사람의 걸음걸이 형태를 분석하고 그 특징을 뽑아서 인증

토론왕 되기!

복제 동물의 한계를 극복할 수 있을까?

1996년 7월 5일 영국 로슬린 연구소의 이언 윌머트와 키스 캠벨은 여섯 살짜리 양의 몸세포에서 꺼낸 유전자를 핵을 빼낸 다른 암양의 난자와 결합시켜 또 다른 양의 몸에 이식한 후 새끼 양 돌리를 낳게 하여 세계 최초로 포유동물을 복제하는 데 성공했습니다.

수정란을 나누어 복제하는 방법으로는 이미 국내외에서 쥐를 시작으로 양, 토끼, 소 등의 복제에 성공했지만, 완전히 자란 다른 포유동물의 세포로부터 복제된 포유동물은 돌리가 처음이었습니다. 몸의 세포를 이용하여 복제 기술을 성공시킨 것입니다.

1997년 2월에는 돌리를 만들었던 복제 기술을 이용하여 인간 유전자를 지닌 폴리와 몰리를 탄생시켰습니다. 사람의 피를 멈추게 하는 단백질 유전자를 이용해 젖에서 혈우병 치료제를 생산하는 암양을 만들었습니다.

한편 포유류 복제가 가능하다는 사실이 알려지자 수많은 연구실에서 경쟁적으로 복제 동물을 만들기 시작했습니다.

일본에서는 소를, 미국에서는 쥐를 복제하는 데 성공했습니다. 영국에서도 돼지를 복제했습니다. 이 복제 돼지는 인체에 장기를 이식해도 부작용이 없도록 유전자를 조작해 복제했다는 점에서 커다란 관심을 불러 일으켰어요.

우리나라에서도 서울대학교 이병천 교수 팀에 의해 '스너피'라는 최초의 복제 개가 탄생했죠. 스너피는 미국의 유명 주간지 《타임》이 2005년 '올해의 가장 놀라운 발명품'으로 선정하는 등 큰 주목을 받았어요. 현재 과학자들은 대부분의 동물을 복제하는 데 성공했습니다.

그러나 복제 동물의 한계에 대한 논란도 계속되고 있습니다. 2003년 로슬린 연구소에서는 진행성 폐질환이 나타났다는 이유로 돌리를 안락사시켰습니다. 정상적인 양의 절반밖에 못 살고 죽은 것입니다.

사실 돌리는 태어난 지 3년도 지나지 않아 각종 질병에 시달렸습니다. 특히 나이 든 양에서 나타나는 관절염 등의 질병도 앓았습니다. 일부 과학자들은 돌리가 태어날 때부터 이미 '늙어 있었다'고 주장합니다. 이 사건을 계기로 복제 동물의 한계가 논쟁거리로 떠올랐습니다. 현재 복제 동물의 한계로는 매우 낮은 복제 성공률, 유전자 기능 부실로 인한 건강 문제, 심각한 면역 결함 등이 거론되고 있어요.

복제 동물의 한계가 왜 발생하고, 이를 극복할 수 있는 방법에는 어떤 것이 있을지 각자의 생각을 말해 봅시다.

낱말 찾기

다음 〈보기〉의 설명에 해당하는 답을 낱말 카드에서 찾아 동그라미로 표시해 보세요.

보기
1. 어떤 세포나 유기체와 유전적으로 같은 개체를 만드는 것
2. 손가락 안쪽 끝에 있는 살갗의 무늬나 그것을 찍은 흔적
3. 씨앗 등을 이용하지 않고 줄기, 잎, 뿌리를 이용하여 뿌리가 내리게 하여 번식하는 방법
4. 부모로부터 자식에게 전달되는 정보

양	학	태	생	계
유	현	복	물	문
기	자	음	과	구
경	안	식	지	선
제	영	미	손	전

정답: ① 복제 ② 지문 ③ 영양 생식 ④ 유전자

🌀 긍정이와 부정이의 한판 승부

    K 박사는 만나기만 하면 티격태격하는 부정이와 긍정이에게 토론의 장을 만들기 전에 공부를 시켰습니다. 그래서 긍정이와 부정이는 지금 열심히 공부를 하고 있습니다.
    이때 K 박사님이 들어왔습니다.
    "우리 귀염둥이들, 열심히 공부하고 있구나. 자, 이제 누가 복제에 대해 더 열심히 공부했는지 토론을 해 보도록 할까?"
    K 박사는 긍정이와 부정이에게 마치 토론 회의장처럼 마이크를 하나씩 주었습니다.
    "준비 됐니?"

복제의 장점과 단점을 두고 긍정이와 부정이가 토론을 시작했습니다. 복제의 장점은 긍정이가, 단점은 부정이가 발표할 겁니다. K 박사는 공정한 진행을 맡을 거고요.

K 박사가 토론에 앞서 이야기했습니다.

"토론 1부는 인간을 제외한 생명 복제에 대한 토론이고, 2부는 인간에 이용되는 동물 복제에 대해 의견을 나눌 거야. 자, 그럼 토론 1부를 시작하자."

긍정이가 먼저 말했습니다.

"지구에는 아직도 많은 아이들이 굶고 있어. 하지만 유전자 조작 기

술로 품종을 개량하여 식량을 많이 생산하게 된다면 이 문제를 해결할 수 있지. 그래서 나는 생명 복제에 찬성!"

긍정이의 강한 주장에 가만히 당하고 있을 부정이가 아니었습니다. 부정이도 이에 질세라 자신의 주장을 말했습니다.

"하지만 유전자 조작 기술로 만든 식품이 과연 인체에 아무 영향이 없을까? 그 안전성을 더 따져 봐야 한다고."

K 박사가 말했습니다.

"부정이도 공부를 많이 했구나. 그 문제는 유전자 조작 식품이 나왔을 때부터 꾸준하게 제기된 의문이기도 하지. 그래서 유전자 조작 기술에 대한 부정적인 의견도 많아. 하지만 긍정이의 말도 완전히 틀린 것은 아니란다. 유전자 조작을 통해서 농산품을 다량으로 생산하거나, 특정 영양소를 확대하거나 생산할 수 있거든. 예전에 일본에서 만들어진 유전자 조작 건강 식품을 먹은 미국인 1543명이 병에 걸리고 그 중 38명이 사망한 사건이 있었는데 처음에는 이게 유전자 조작 때문이라 여겨졌지만 원인 조사 결과 제조 과정에서 불순물이 들어갔기 때문으로 밝혀졌어. 아직까지 유전자 조작 식품으로 인한 부작용 사례는 명확하게 밝혀진 게 없단다."

이 말에 심술이 난 부정이가 반격했습니다.

"밝혀진 게 없다고 해서 안전하다는 뜻도 아니잖아요?"

유전자 변형 작물 만드는 법

'유전자 변형 작물'은 생산성과 상품의 질을 높이기 위해 본래의 유전자를 변형시켜 생산된 농산물을 말해요. 한 번에 거두어들일 수 있는 이삭이나 열매의 수가 늘어나거나, 병충해나 질병에 강하거나, 성장 속도가 빠르거나, 아무 땅에서도 잘 자라는 작물을 만들면 식량 문제 해결에 큰 도움을 줄 수 있겠죠.

또한 의약품으로도 쓸 수 있는 물질을 생산할 수도 있어요. 대표적인 유전자 변형 작물로는 쌀, 콩, 옥수수, 감자 등이 있어요. 유전자 변형 작물을 만드는 방법은 다음과 같아요.

STEP 1 미생물에서 가뭄에 잘 견디는 유전자를 분리한다.

STEP 2 아그로박테리움(식물에 질병을 발생시키는 박테리아)에 유전자를 이식한다.

STEP 3 2번의 아그로박테리움을 옥수수에 넣어 유전자 변형을 유발한다.

STEP 4 유전자가 변형된 옥수수를 가려낸다.

STEP 5 가뭄에 잘 견디는 옥수수 탄생!

부정이의 강한 공격을 긍정이는 간신히 방어했습니다.

"그 문제점은 과학자들이 차차 밝혀낼 거라고."

"그럼 그 전에는 중지해야지."

부정이가 계속해서 의견을 내놓자 긍정이는 휘청거렸습니다. 긍정이의 얼굴에 몹시 긴장한 티가 역력했습니다.

긍정이가 부정이에게 대왕판다 사진을 보여 주었습니다.

"좋아, 부정아. 이 사진을 봐라. 너는 이 귀여운 대왕판다가 사라졌으면 좋겠니?"

"대왕판다 사라지는 거 싫어."

"그래 맞아. 이 곰은 전 세계적으로 2천여 마리 정도밖에 남지 않은 멸종 위기 동물이야. 자연적인 상태로는 그 수를 절대 늘릴 수 없어."

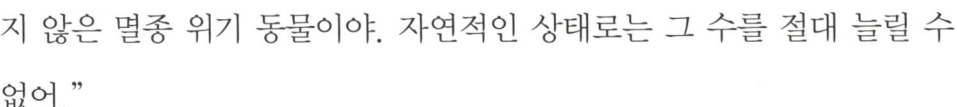

"멸종 위기도 싫어."

"그래서 과학자들은 현재 멸종 위기에 놓인 동물들을 복제하는 연구를 하고 있지."

이번에는 부정이가 긍정이의 공격에 휘청거렸습니다. 긍정이의 공격이 계속 이어졌습니다.

"너, 공룡 보고 싶지 않아?"

"……."

부정이는 차마 싫다는 말을 못 했습니다. 그도 그럴 것이 부정이는 공룡을 무척 좋아하기 때문이었습니다.

"공룡을 보려면 복제 기술을 잘 사용해야 한다고."

"언제 볼 수 있는데?"

"아직은 아냐. 현재 기술로는 쉽지 않아."

"쳇, 거짓말쟁이."

"하지만 이미 멸종해 버리고 없는 코끼리의 조상 매머드는 복제 계획을 준비 중이래."

긍정이의 말을 듣고 있던 부정이가 반격해 왔습니다.

"하지만 복제된 동물이 과연 지금의 자연환경에서도 잘 살 수 있을지 생각해 봤어?"

그때 K 박사가 끼어들며 의견을 말했습니다.

"중요한 의견이다. 그래, 복제된 동물들이 지금의 생태계에서 잘 적응할지도 생각해 봐야 할 문제 같구나."

3장 복제의 장점과 단점

K 박사의 의견에 힘을 얻은 부정이가 다시 공격을 시작했습니다.

"지금까지 보고된 바에 의하면 복제 동물은 수명이 아주 짧다는 단점이 있어."

"헉, 그래?"

긍정이는 거기까지는 몰랐다는 표정이었습니다.

K 박사가 잠시 보충 설명을 해 주었습니다.

"거기에는 두 가지 설이 있는데 우선 몸의 체세포를 제공할 당시의 나이를 합쳐서 나이가 들기 때문이라는 주장이 있지. 가령 복제 양 돌리의 경우 체세포를 제공했던 양의 나이가 여섯 살이었거든. 그래서 복제 양 돌리는 태어나자마자 여섯 살부터 시작하게 된 거라는 얘기야. 또 하나는 지나치게 많은 실험 때문에 스트레스를 받았고 연구실의 작은 우리에만 가둬 놓아서 오래 살지 못한 것이라는 주장도 있어. 양의 수명이 보통 11~13년임을 고려하면 수명의 절반밖에 채우지 못한 셈이지. 아직까지는 그것이 기술의 한계란다. 그럼 이제부터는 2라운드에 들어갈까? 이미 얘기한 대로 인간에 이용되는 복제 토론을 해 보도록 하자."

K 박사의 말이 끝나자마자 긍정이가 공격을 시작했습니다.

"하지만 동물 복제는 아픈 인간들을 많이 살리기도 해."

"그게 무슨 소리야?"

"인간의 장기 중에는 한 번 망가지면 재생이 불가능하여 생명을 잃을 수도 있는 장기도 있어. 그럴 때 인간의 장기와 비슷한 돼지의 장기를 이용하여 그 기능을 회복시키기도 한다고."

진행을 맡고 있던 K 박사가 긍정이의 의견에 대해 보충 설명을 덧붙였습니다.

"그래, 긍정이 말대로 과학자들은 지금 돼지를 이용하여 심장병에 걸린 인간들에게 도움을 주려고 시도하고 있어. 인간의 손상된 심장에 돼지의 장기를 쓰려는 것이지. 이런 경우를 장기 이식이라고 해. 하지만 해결해야 할 문제도 있단다. 장기 이식에서 가장 어려운 문제가 바로 거부 반응이거든. 인간의 몸은 외부에서 침입하거나 내부에서 발생한 이물질에 민감하게 반응하지. 특히 돼지의 장기는 인간과 완전히 똑같지 않기 때문에 드물지 않게 거부 반응이 일어나고 있단다. 그래서 동물 복제를 통해 유전자 조작으로 거부 반응이 없는 장기를 가진 동물을 만들려고 하는 거란다. 이런 부분은 앞으로 과학자들이 연구해야 할 숙제이지."

K 박사의 말이 계속 이어졌습니다.

"사람을 위협하는 병 중에 혈우병이라는 것이 있어. 대부분의 사람은 상처가 났을 때 피가 나다가 멈추지만 이 환자들은 몸 안의 특정한 단백질이 부족하여 피가 멈추지 않아. 이 단백질을 만들어 내는 유전자에

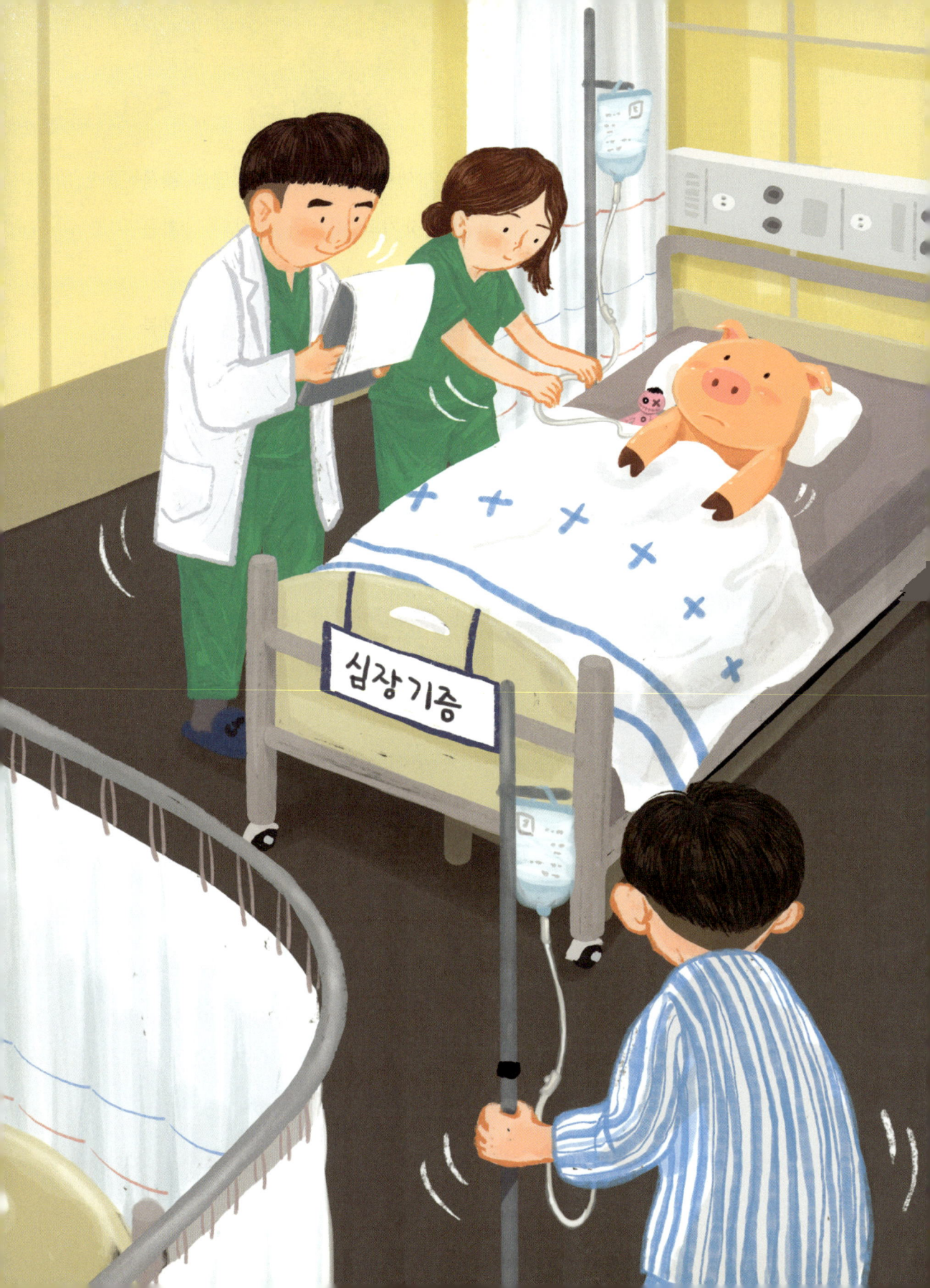

문제가 있기 때문이지."

"피가 멈추지 않고 계속 난다니 무서워요."

"그렇기 때문에 건강한 사람의 유전자를 젖소의 수정란에 넣어서 새로운 젖소가 태어나게 만들고, 젖소를 통해 치료할 수 있는 단백질이 있는 우유를 만들어 내서 치료제로 사용한다면 얼마나 좋은 일이겠니."

K 박사는 아까 말했던 장기 이식에 대해 보충 설명을 했습니다.

"돼지는 장기의 크기와 역할이 사람과 비슷해. 또한 한 번에 많은 새끼를 낳기 때문에 많은 장기를 얻을 수 있지. 하지만 앞에서도 이야기했듯이 돼지 장기를 이식하는 데 가장 큰 문제는 역시 사람의 조직과 돼지의 조직이 다르기 때문에 우리 몸의 백혈구가 돼지 장기를 공격할 가능성이 있다는 것이야."

K 박사의 말이 끝나자마자, 부정이가 다시 물어봤습니다.

"그럼, 인간에게 장기를 제공한 돼지는 어떻게 되는 건가요?"

부정이의 질문에 긍정이도 마음이 아팠습니다. 장기가 없는 돼지를 생각하니 슬퍼졌습니다.

"그래, 그러한 윤리적인 문제도 남아 있지. 부정이가 좋은 의견을 말해주었어."

"에헴."

"오늘 우리 두 아들이 열심히 토론하는 모습을 보니 복제를 연구하는 이 아빠의 마음이 뿌듯하구나."

K 박사는 아이들에게 제안을 했습니다.

"일단 오늘은 수고들 많이 했으니 맛있는 것을 먹고 내일은 과연 인간 복제가 필요한 것인가에 대해 이야기를 더 나눠 보자. 이제 음식점으로 가자. 뭐 먹을까?"

"야호."

맛있는 것을 먹는다는 생각에 아이들은 신이 났습니다.

또 다른 동물 복제

K 박사 연구소에는 큰 개가 한 마리 있습니다. 이 개의 이름은 구피입니다.

개는 오래전부터 인간과 친구로 지내온 동물이었습니다. 원래는 늑대였다가 인간이 최초로 길들였던 동물이기도 했습니다.

하지만 부정이는 구피가 무서워서 늘 도망다녔습니다.

"오늘은 저 구피의 비밀을 한 가지 알려 주마."

"네? 구피에게 비밀이 있었나요?"

"아마 저 녀석은 개가 아니라 악마일 거야."

큰 개를 무서워하는 부정이가 입을 삐죽 내밀고 투덜거렸습니다.

구피는 셰퍼드종입니다. 그런데 K 박사가 긍정이와 부정이에게 사진을 한 장 보여 주었습니다.

사진 속에는 치와와라는 소형견이 있었습니다. K 박사가 말했습니다.

"이 개가 바로 구피의 엄마 개란다."

"구피의 엄마가 치와와라고요?"

긍정이와 부정이는 박사님의 말에 놀라워했습니다.

"구피는 복제 개란다. 셰퍼드의 복제 수정란을 치와와의 자궁에 옮겨서 태어난 거지."

K 박사가 복제 개에 대한 이야기를 들려주었습니다.

여러 나라에서 수많은 과학자들이 생쥐, 소, 돼지, 고양이 등의 포유동물 복제를 차례로 성공시켰습니다. 하지만 개 복제는 상당히 어려웠습니다.

1998년부터 미국에서 수백 만 달러를 들여 죽은 반려견 미시를 복제하는 프로젝트가 의욕적으로 추진된 적이 있었습니다. 복제 고양이 시시(CC)의 성공으로 자신을 얻은 텍사스 A&M대학 연구 팀에서 한 기업

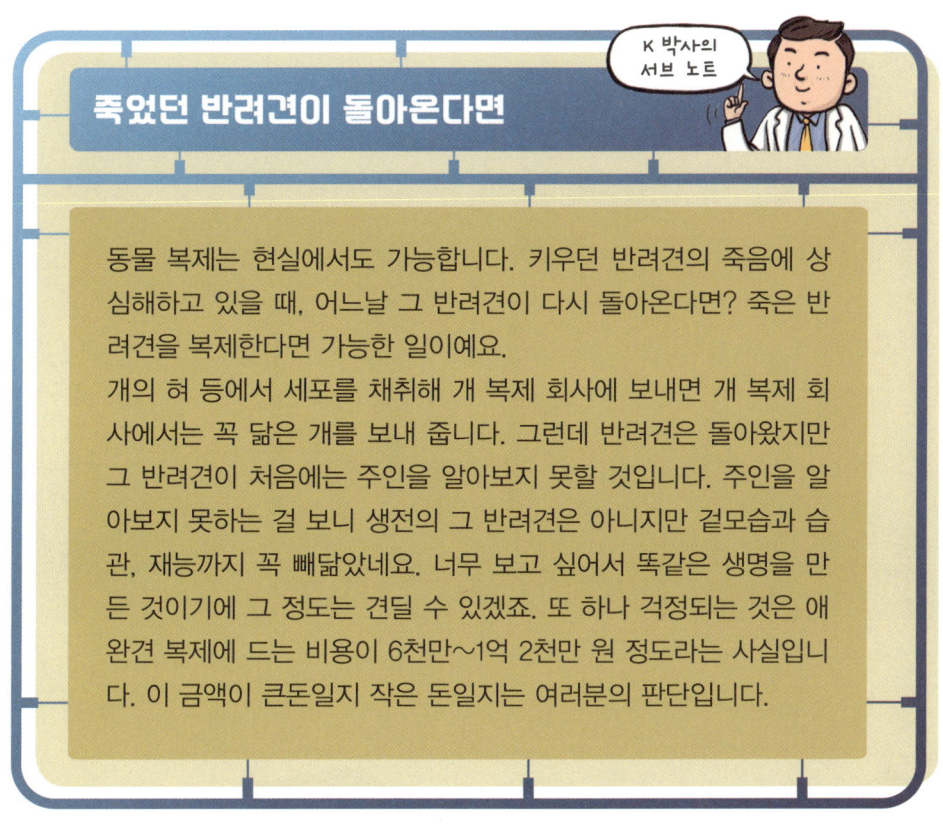

죽었던 반려견이 돌아온다면

K 박사의 서브 노트

동물 복제는 현실에서도 가능합니다. 키우던 반려견의 죽음에 상심해하고 있을 때, 어느날 그 반려견이 다시 돌아온다면? 죽은 반려견을 복제한다면 가능한 일이예요.
개의 혀 등에서 세포를 채취해 개 복제 회사에 보내면 개 복제 회사에서는 꼭 닮은 개를 보내 줍니다. 그런데 반려견은 돌아왔지만 그 반려견이 처음에는 주인을 알아보지 못할 것입니다. 주인을 알아보지 못하는 걸 보니 생전의 그 반려견은 아니지만 겉모습과 습관, 재능까지 꼭 빼닮았네요. 너무 보고 싶어서 똑같은 생명을 만든 것이기에 그 정도는 견딜 수 있겠죠. 또 하나 걱정되는 것은 애완견 복제에 드는 비용이 6천만~1억 2천만 원 정도라는 사실입니다. 이 금액이 큰돈일지 작은 돈일지는 여러분의 판단입니다.

가의 지원을 받아 반려동물 복제 시대를 열고자 한 것이었습니다. 그럼에도 불구하고 7년에 걸친 개 복제 연구는 실패하고 말았습니다.

하지만 서울대 연구팀이 2005년 세계 최초의 복제 개 '스너피'를 탄생시켰고, 2017년에는 스너피의 체세포를 복제한 재복제견들이 태어나기까지 했습니다.

K 박사도 개를 복제했습니다. 그 개가 바로 구피였습니다.

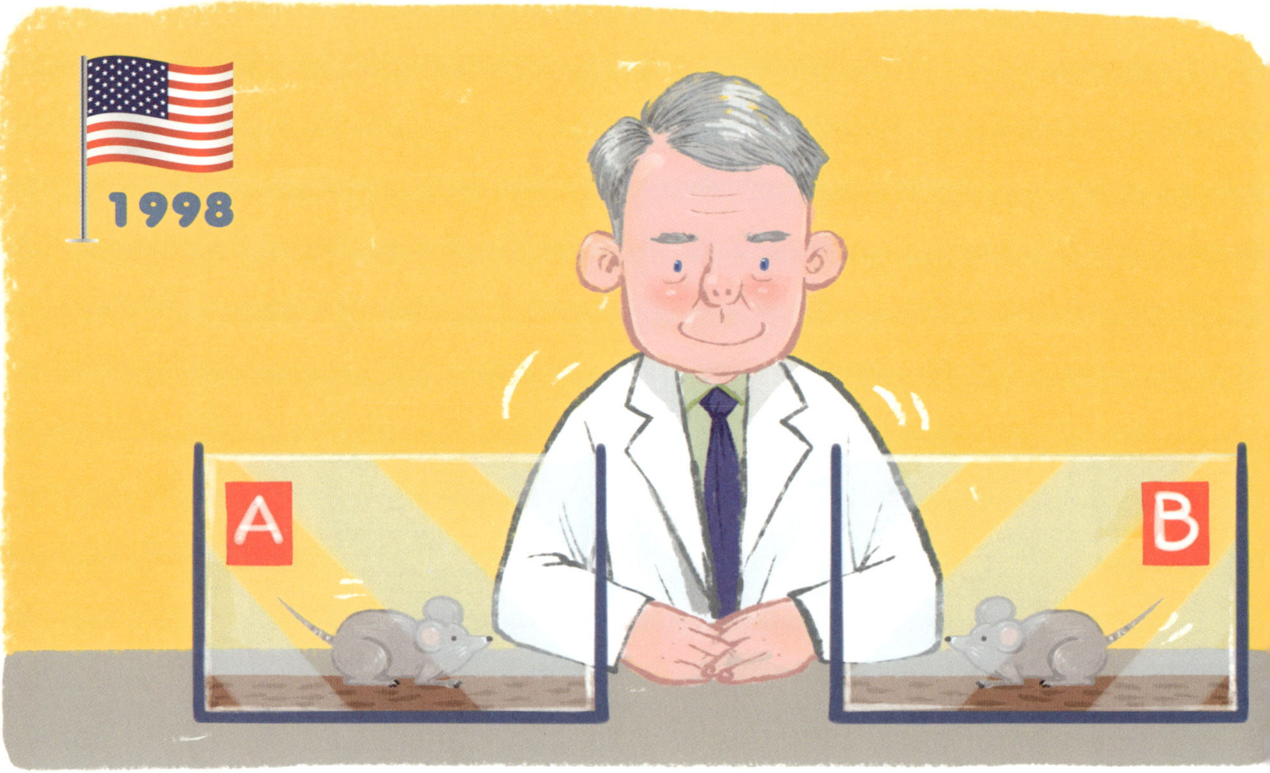
1998
A
B

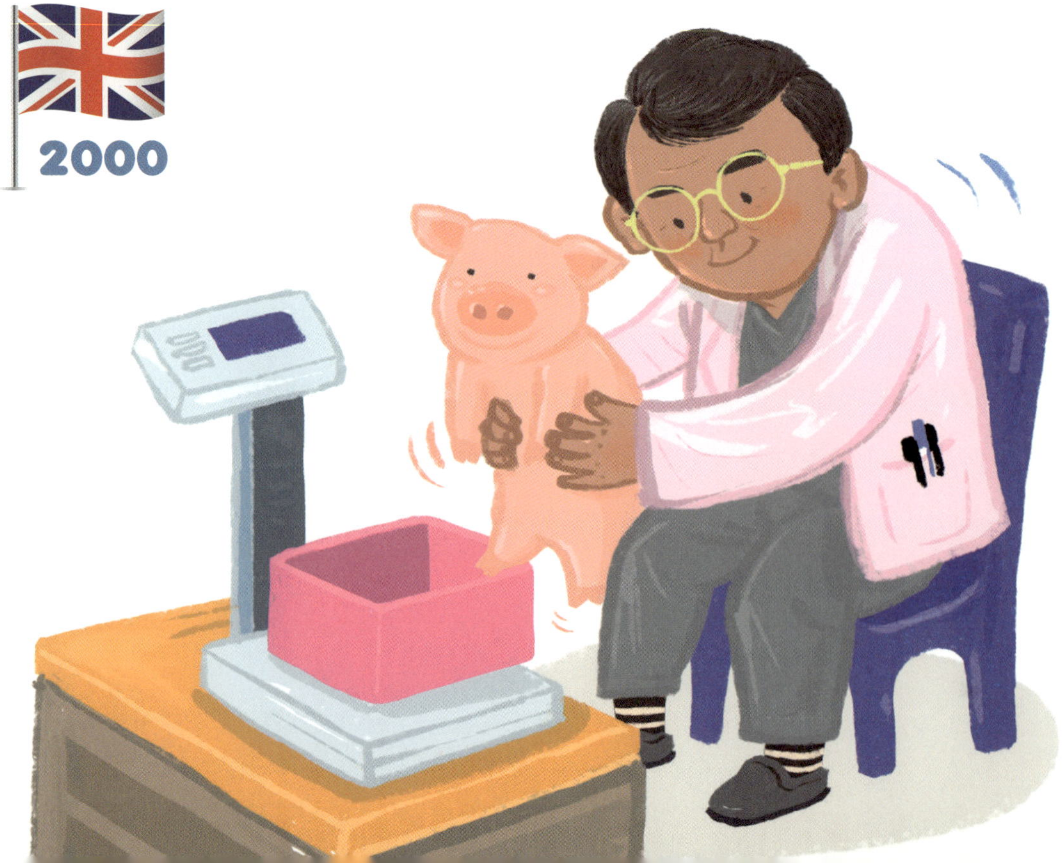
2000

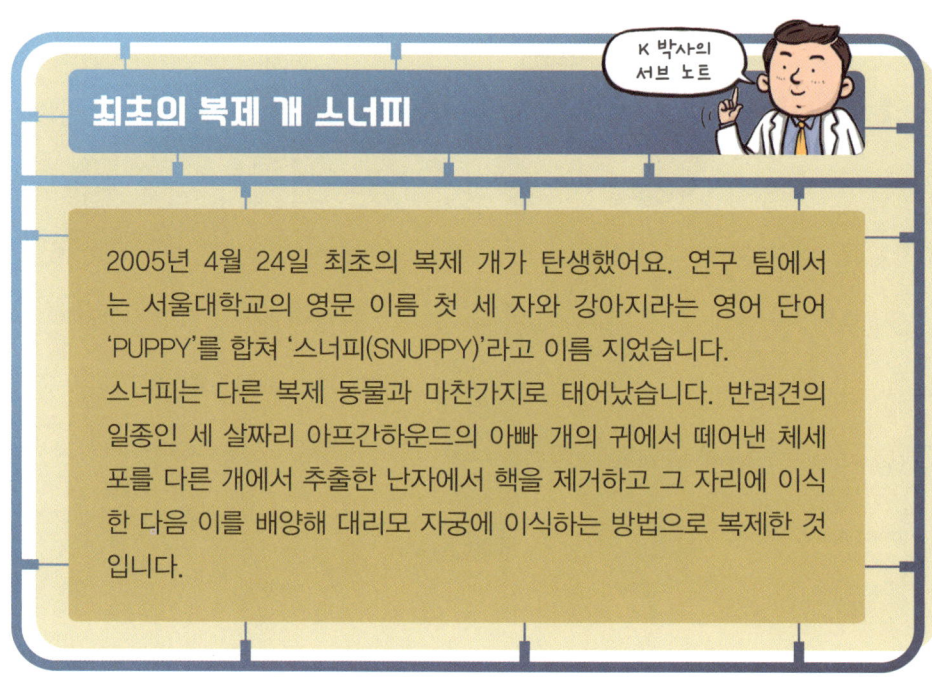

최초의 복제 개 스너피

K 박사의 서브 노트

2005년 4월 24일 최초의 복제 개가 탄생했어요. 연구 팀에서는 서울대학교의 영문 이름 첫 세 자와 강아지라는 영어 단어 'PUPPY'를 합쳐 '스너피(SNUPPY)'라고 이름 지었습니다.
스너피는 다른 복제 동물과 마찬가지로 태어났습니다. 반려견의 일종인 세 살짜리 아프간하운드의 아빠 개의 귀에서 떼어낸 체세포를 다른 개에서 추출한 난자에서 핵을 제거하고 그 자리에 이식한 다음 이를 배양해 대리모 자궁에 이식하는 방법으로 복제한 것입니다.

부정이가 구피를 보며 말했습니다.

"큰 개는 싫은데 치와와의 아이라니 뭔가 친해질 수 있을 것 같아요."

K 박사님이 부정이를 보며 웃었습니다.

"얘들아, 이리 와 보렴. 복제 개의 탄생 과정을 설명해 줄게."

K 박사는 아이들에게 알기 쉽게 설명해 주려고 했습니다.

"우선 암캐의 몸에서 난자를 채취한단다."

"난자요?"

"개를 복제하기 힘든 이유는 바로 이 난자를 배양하는 과정이 다른 동물보다 힘들기 때문이야. 다른 동물은 몸 밖에서 난자를 키울 수 있는데 개는 그게 힘들어."

"그래서요?"

"다 자란 난자를 찾아야 하는 것이 힘든 과정이다. 그런데 우리는 그 기술을 알아냈어. 아까 말했듯이 치와와 암컷의 난자였지. 그다음 셰퍼드 몸, 그중에서도 귀에서 꺼낸 세포. 이렇게 몸에서 끄집어 낸 세포를 체세포라고 부르지……."

"그렇게 결합을 시키나요?"

"아니, 아직 과정이 남아 있어. 셰퍼드의 귀에서 끄집어 낸 체세포를 배양시키고 치와와의 난자 속에 있는 핵을 제거한 다음, 셰퍼드 귀의 체세포에서 뽑아 낸 핵을 집어넣는단다."

"우와, 상당히 복잡한 과정이네요."

"이때 약간의 실수나 오차가 생기면 이 실험은 바로 실패야."

"그렇게 해서 구피가 탄생한 거네요?"

"아직 일러. 한 단계가 더 남았어."

"다른 단계가 또 있나요?"

"그렇게 수정된 수정란을 다른 개의 몸에 넣어야 해. 이때 나는 치와와를 선택했단다. 그리고 마침내 탄생한 복제 개가 바로 구피란다."

"이야기만 들어 보면 간단한 원리처럼 보여요. 아빠."

"하지만 이 과정의 성공률은 상당히 낮아. 120여 마리의 개 중 임신한 개는 세 마리뿐이었어. 그중 또 한 마리는 죽은 새끼를 낳기도 했지."

"상당히 어려운 실험이네요."

"복제란 것이 쉬운 것만은 아니네요. 아빠."

"개 복제가 이 정도인데 인간 복제는 얼마나 어려운 일이겠니. 성공률이 아주 낮다는 뜻이지."

K 박사는 아이들에게 개 복제 과정을 그림을 통해서 다시 설명했습

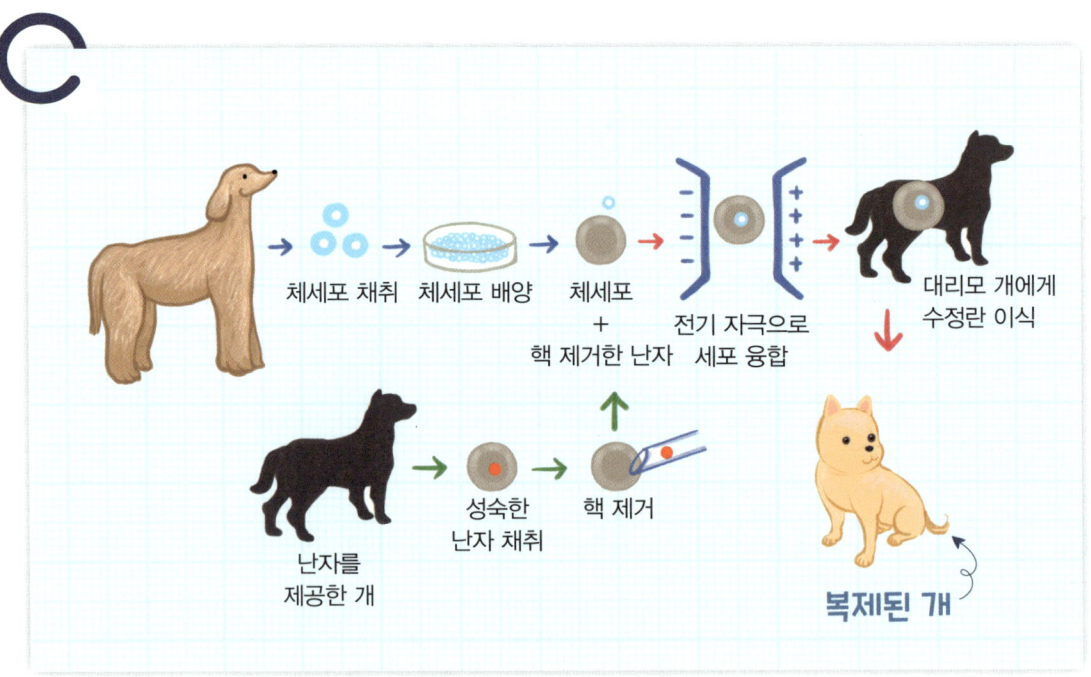

니다.

"얘들아, 아빠에게는 이루고 싶은 일이 있단다."

"그게 뭔가요?"

"우리나라에서 지금은 사라져 버리고 없는 독도 바다사자를 복제해 내는 것이야."

"독도는 섬인데 사자가 있어요?"

"아니야. 바다사자는 물개의 한 종류인데 독도에 살던 독도 바다사자는 무분별한 사냥으로 인해 결국 멸종되었단다."

"그럼 아빠가 하는 일은 멸종된 동물을 다시 살려 내는 것이네요?"

"그래, 복제 기술의 장점이기도 하지."

"그게 가능할까요?"

"한국해양과학기술원이 2014년에 독도 바다사자 뼈에서 DNA를 검출하는 데 성공했지. 이 유전자를 연구하면 독도 바다사자를 복원하는 것도 불가능은 아니란다."

"우와, 대단해요."

"하지만 아직은 해결해야 할 과제가 많아. 그래서 이 아빠는 열심히 연구하고 있단다."

"아빠, 저희들도 공부 열심히 해서 훌륭한 과학자가 될게요."

K 박사는 두 아이를 흐뭇하게 쳐다봤습니다.

인간 복제가 실현된 세상은 어떤 모습일까?

복제 인간을 소재로 한 영화 한 편을 소개합니다. 인간 복제가 무엇인지 생각해 볼 수 있는 영화 '아일랜드'입니다.

주인공인 링컨과 조던은 수백 명의 주민들과 함께 초현대식 연구소 건물에서 생활합니다. 그곳에서는 수많은 사람들이 똑같이 하얀 옷을 입고 관리용 팔찌를 차고 격리된 환경에서 살아갑니다. 매일 잠자리에서 일어나면 몸 상태를 점검받고, 음식과 인간관계까지 통제를 받습니다.

건물 밖으로 나가지 못하는 이유는 지구가 모두 오염됐기 때문이며, 이들 모두는 자신들이 오염된 지구에서 살아남은 사람으로 알고 있습니다. 이들의 유일한 꿈은 추첨에 당첨되어 지구에서 마지막 남은 오염되지 않은 땅 '아일랜드'로 가는 것입니다.

링컨은 연구소 건물에서 매코드와 일을 하다가 통풍구를 통해 들어온 나방 한 마리를 발견하고 나방을 잡아 병 속에 보관한 뒤 조던을 만나 의문을 제기합니다.

"지구는 오염이 되어 생명체가 존재하지 않는다는데 나방은 어떻게 밖에서 살았을까? 늘 바깥에서 이곳으로 생존자들을 데려오는데, 그 사람들은 어디서 오느냐 말이야. 뭔가 잘못된 것 같다는 느낌이야."

어느 날 링컨은 잡아 둔 나방이 날아가는 방향을 향해 놓인 사다리를 타고 위로 올라가 봅니다. 조심조심 건물을 살펴보던 링컨은 얼마 전 아일랜드

행에 당첨돼 기뻐하던 산모가 아기를 낳자마자 처참하게 살해되고, 또 다른 동료가 장기를 추출당하며 "살고 싶다."고 절규하는 광경을 목격합니다. 결국 '아일랜드'는 지상의 낙원이 아니라 장기와 신체 부위를 제공하고 무참히 죽임을 당하는 곳임을 깨닫습니다. 그리고 자신은 장기 추출용으로 만들어진 복제 인간이라는 것을 알게 됩니다.

결국 '아일랜드로 간다'는 말은 필요에 의해 복제 인간의 장기를 빼낸다는 뜻이었습니다. 지구가 오염됐다는 이야기는 거짓말이었죠. 이러한 모든 일들은 인간 복제 개발자인 메릭 박사가 꾸며 낸 것이었습니다.

"인간은 살아남기 위해 뭐든지 하지. 난 생명을 선사하네. 복제 인간은 도구이자 기구일 뿐이야. 가능성은 무한해. 2년 이내에 난 백혈병을 완치할 수 있게 돼. 얼마나 많은 인간이 그런 일을 할 수 있다고 생각하나?"

메릭 박사의 이야기를 엿들은 링컨과 조던은 다시 연구소로 돌아와 복제 인간들에게 모든 사실을 알리고 함께 탈주합니다. 하얀 트레이닝복을 입고 대지 위로 걸어오는 수많은 복제 인간들을 비추며 영화가 끝납니다.

이 영화에서처럼 장기 이식을 위한 인간 복제가 실현된 세상에 살고 있다면 복제 인간에 대해 어떤 태도를 지녀야 할지 각자의 생각을 말해 봅시다.

빈칸 넣기

다음은 세계 과학자들이 복제에 성공한 동물들입니다.
최초로 성공한 연도를 빈칸에 적어 보세요.

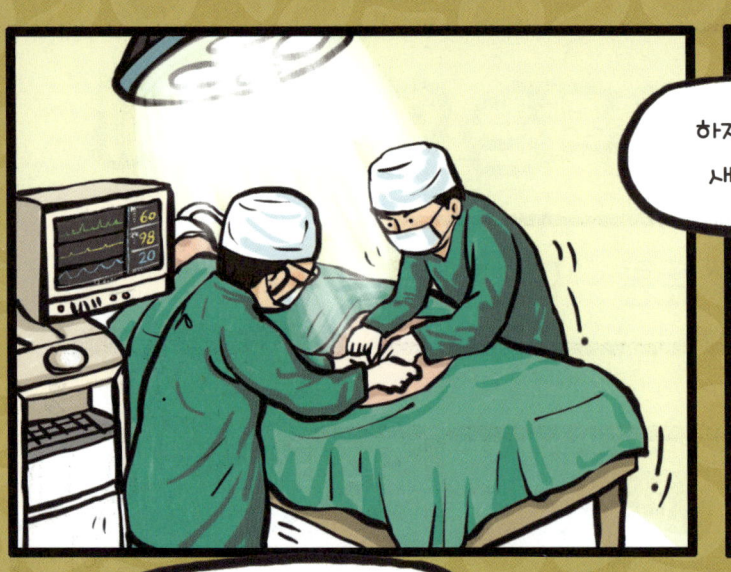

제1수술실 심장 제2수술실 간 제3수술실 신장 제4수술실 피부 이식

또 다른 걸 볼까요?

모두 A씨를 복제한 복제 인간입니다. 하나같이 똑같네요.

인간은 다양성과 개성을 추구하는 존재인데 이런 것이 하나도 없습니다.

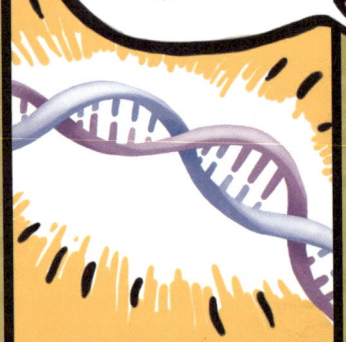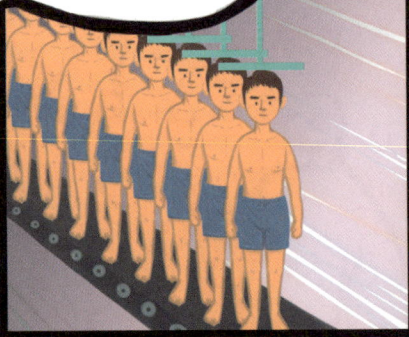

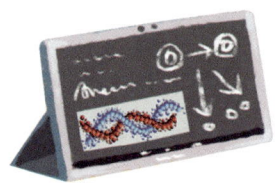

🧫 복제 인간의 영향력

지금 긍정이는 꿈나라를 헤매고 있습니다.

긍정이와 부정이가 K 박사의 연구실에 급하게 달려왔습니다.

그런데 이게 뭡니까? 커다란 시험관같이 생긴 유리병 안에 귀여운 아기가 탯줄에 연결된 채 물속에 떠 있었습니다.

"애들아, 오늘 나는 너희들의 의견을 들어 보고 인간 복제를 하려고 한다. 내가 이 스위치를 누르면 인간 복제가 완성돼. 하지만 인간 복제라는 것은 결코 쉬운 결정이 아니므로 너희들의 의견도 들어 보고 싶구나."

K 박사의 손가락 아래에 파란색 버튼이 있었습니다. 이 버튼을 누르

기만 하면 복제 인간이 탄생한다고 했습니다.

"아빠, 나는 이순신 장군을 복제할 수 있었으면 해요. 복제가 가능해지면 그런 위인도 만들어 낼 수 있다고 들었거든요."

"음, 긍정이의 말은 훌륭한 인간들을 많이 만들어 낼 수 있어서 복제 인간이 필요하다고 보고 있구나."

"전 반대예요."

"잠시만, 부정아. 반대 의견과 찬성 의견을 돌아가며 이야기하지 말고 일단 찬성하는 의견을 먼저 말해 보도록 하자."

부정이가 한참을 생각하다가 말을 꺼냈습니다.

"아이를 갖지 못하는 부부들에게 인간 복제 기술은 유용해 보여요."

"그렇지, 부부 중 한 쪽이 심각한 유전병을 앓고 있을 때, 그 자손에게 그 유전병을 물려주지 않을 수 있는 기술적 측면에서 인간 복제 기술은 상당히 유용하단다."

K 박사의 말이 이어졌습니다.

"우리가 살다 보면 불의의 사고를 당하거나 병에 걸리게 되는데, 이때 다른 사람들의 장기를 사용하는 것보다 자신의 장기를 미리 복제해서 보관해 두면 아무런 거부 반응 없이 치료를 할 수 있게 된다는 장점이 있어. 자기 몸만큼 적합한 장기도 없을 테니까 말이야."

긍정이도 이와 비슷한 이야기를 했습니다.

"어렸을 때 죽은 아이를 인간 복제라는 장점을 살려 되살려 낼 수도 있지 않을까요? 그러면 아이의 엄마는 무척 기뻐할 거에요."

K 박사가 고개를 끄덕였습니다.

"맞아, 긍정이가 이야기한 이순신 장군 같은 위인 복제는 우리 사회를 발전시키는 장점을 가지고 있단다. 인간 복제는 위대한 재능, 천재성, 인격 등 훌륭한 요소의 인간을 만들어 내어 사회를 더욱 발전시킬 수 있는 장점도 있지."

만능 세포 줄기세포

사람의 몸을 이루는 세포는 무려 100조 개에 이를 정도로 많아요. 그러나 이 많은 세포들도 원래는 어머니의 난자와 아버지의 정자가 만나 짝을 이룬 한 개의 세포(수정란)에서 시작한 것이에요. 사실 배아는 수정란이 만들어진 순간부터 14일이 지나기 전까지의 '세포 덩어리'에 불과해요. 이때까지는 피, 뼈, 심장, 간 등 신체를 이루는 장기가 형성되지 않은 상태이기 때문에 태아와는 구별됩니다. 이들 배아 단계에서 추출한 줄기세포는 한 개의 세포가 여러 종류의 다른 세포를 생산할 수 있는 특이한 능력을 가진 세포로서 뼈, 간, 심장 등 장기로 발전할 수 있는 '만능 세포'예요.

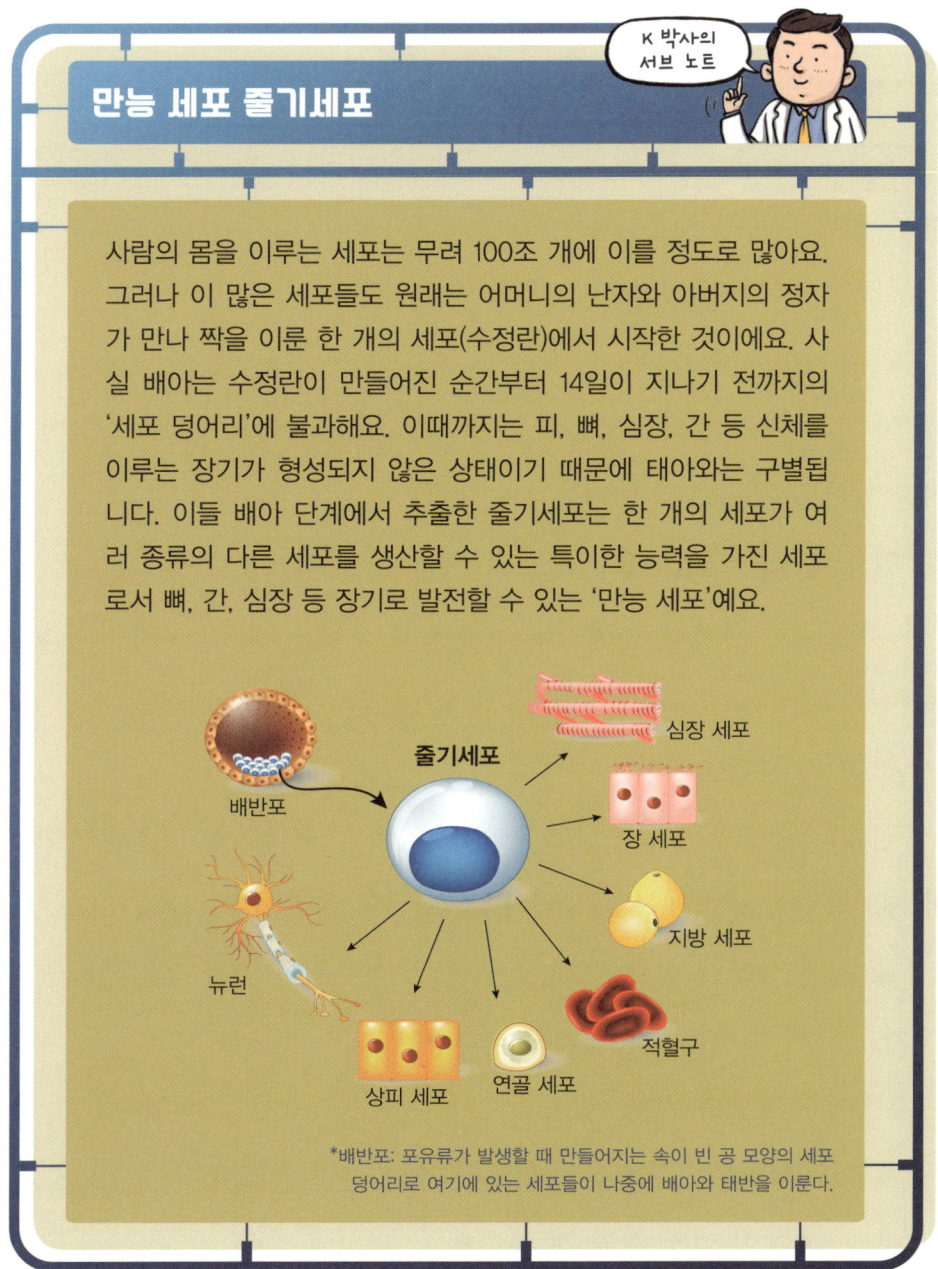

*배반포: 포유류가 발생할 때 만들어지는 속이 빈 공 모양의 세포 덩어리로 여기에 있는 세포들이 나중에 배아와 태반을 이룬다.

그런데 부정이가 투덜댔습니다.

"나쁜 사람들이 악당을 복제할 수도 있잖아요."

"잠깐, 지금은 찬성 의견을 말하는 시간이잖니. 단점에 대한 이야기는 좀 있다가 하자꾸나."

긍정이가 나서며 K 박사를 졸라 댔습니다.

"인간 복제는 좋은 기능이 아주 많네요. 아빠, 그 버튼을 눌러요."

"아냐, 아직은 일러. 이제 단점에 대해 더 이야기를 해 보도록 하자. 어떤 일이든 꼼꼼히 따져 봐야 하니까."

"인간 복제의 단점이요?"

"그래, 인간 복제는 문제점도 상당히 많이 있단다. 하나씩 따져 보도록 하자."

긍정이가 말했습니다.

"전에도 물어봤던 질문인데 만약에 아빠의 체세포를 이용하여 아기가 태어난다면 나에게는 동생인가요? 아니면 삼촌이 되나요?"

"옳지, 긍정이가 잘 지적해 줬구나. 맞아. 복제 인간이 탄생하면 그런 가족 간의 문제를 일으키기도 하겠구나."

부정이가 말했습니다.

"복제 인간들끼리 결혼하면 다들 친척이 되는 건가요?"

"우와, 호칭이 엄청 꼬일 것 같아요."

K 박사가 고개를 끄덕였습니다.

"복제 인간은 아직도 해결해야 할 문제들이 많단다. 원래 몸에서 생긴 문제점이 복제한 후에도 고스란히 이어진다든지 하는 현상이 발생하기도 해."

긍정이가 말했습니다.

"이 세상이 복제 인간 투성이라고 한다면 인간의 존엄성이 파괴될 것 같아요. 인간의 손으로 생명을 조작한다는 것은 인간의 존엄성을 무시하는 일이거든요."

부정이도 의견을 말했습니다.

"또한 여러 번 살 수 있다는 점 때문에 자신의 신체를 마구 사용할 것 같아요."

이번에는 K 박사가 말했습니다.

"인간 복제 연구 및 시술 과정에서 수많은 인체 기관들이 사용된다는 단점도 있다. 그것 역시 인간의 일부잖아."

긍정이가 문득 뭔가 생각난 듯이 물어봤습니다.

"맞아요. 아빠, 장기 이식을 위해 복제된 인간은 장기를 주고 나면 어떻게 되는 거죠? 죽는 건가요?"

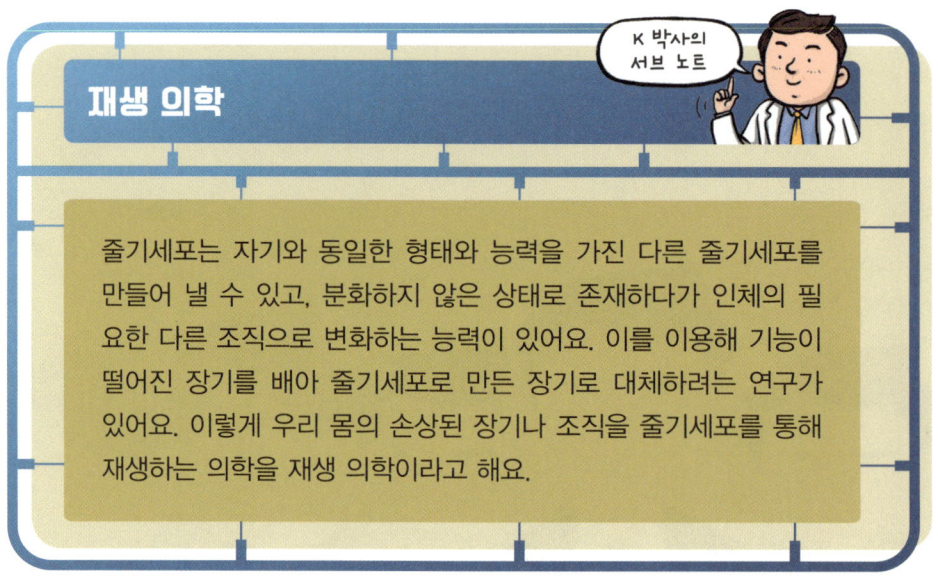

재생 의학

줄기세포는 자기와 동일한 형태와 능력을 가진 다른 줄기세포를 만들어 낼 수 있고, 분화하지 않은 상태로 존재하다가 인체의 필요한 다른 조직으로 변화하는 능력이 있어요. 이를 이용해 기능이 떨어진 장기를 배아 줄기세포로 만든 장기로 대체하려는 연구가 있어요. 이렇게 우리 몸의 손상된 장기나 조직을 줄기세포를 통해 재생하는 의학을 재생 의학이라고 해요.

부정이가 두렵다는 듯이 몸서리를 쳤습니다.

"죽는 것은 싫어. 그렇다면 복제 인간은 노예들보다 더 못한 사람이 되잖아요."

"복제 인간에게서 실제로 장기를 떼어 가는 것은 아니란다. 줄기세포라는 어떤 조직으로도 변화할 수 있는 세포를 배양해 필요한 신체 부위만 만들어 내는 것이지."

K 박사의 설명에 긍정이와 부정이는 안도의 한숨을 쉬었습니다.

"휴, 다행이다."

K 박사가 이야기를 마무리했습니다.

"너희들의 의견을 들어보니 인간 복제는 아직 이른 것 같구나. 상업적으로 쓰일 수 있는 현실을 무시할 수 없고, 생명의 존엄성이 사라지는 것은 아무래도 아닌 것 같아. 복제 인간의 인권에 대한 확실한 제도가 마련되지 않은 현실에서 복제 인간을 만든다는 것은 아무래도 안 될 것 같다는 결론이구나. 그래서 나는 이 버튼을 누르지 않도록 하마."

"네!"

K 박사는 파란색 버튼에서 손을 떼고 긍정이와 부정이의 어깨를 토닥여 주었습니다.

밝혀진 비밀

"긍정아, 긍정아. 일어나."

긍정이는 부정이가 흔들어 깨우는 바람에 눈을 떴습니다.

"기껏 아빠랑 같이 드라이브 중인데 잠만 자고 있으면 어떻게 해."

"흐아암……, 인간 복제는?"

"갑자기 무슨 소리니? 꿈이라도 꿨나 보구나."

K 박사의 미소짓는 얼굴이 자동차 뒷거울에 비쳤습니다.

"어, 그런데 이 길은 엄마 산소가 있는 데로 가는 길 아닌가요?"

"그래, 오랜만에 엄마한테 인사나 드리러 가자꾸나."

긍정이와 부정이의 엄마 역시 K 박사와 함께 복제 인간을 연구하는 과학자였습니다. 그런데 둘을 낳다가 돌아가신 것입니다.

차가 도착한 곳은 햇살이 비치는 추모공원이었습니다. K 박사와 긍정이, 부정이는 예쁘장한 비석이 세워진 엄마 산소 앞에 서서 꽃을 놓고 인사를 올렸습니다.

"여보, 우리 귀염둥이 복제 인간들 데리고 왔어요."

K 박사가 엄마 산소 비석에 말을 건넸습니다.

"아, 맞다. 우리 둘 중 누가 복제 인간인가요?"

"열심히 공부했으니 알려주세요."

"그래, 이제 누가 복제 인간인지 알려줄 때가 왔구나."

K 박사는 긍정이와 부정이의 머리에 손을 얹으며 다정한 목소리로 말했습니다.

"사실 너희들은 인공적으로 만들어진 복제 인간이 아니라 쌍둥이란다."

"네? 그런데 왜 복제 인간이라 하셨어요?"

"엄마가 너희 둘을 임신했을 때 말버릇처럼 한 말이 있거든. '내 뱃속에 복제 인간이 있어요'라고. 일란성 쌍둥이도 하나의 수정란이 2개로 분리되어 만들어지기에 같은 유전자 염기 서열을 지닌단다. 그래서 넓은 의미로는 너희들도 자연의 신비가 낳은 복제 인간이라 할 수 있지."

"에이 뭐예요, 깜빡 속았잖아."

"난 처음부터 알았다고."

"거짓말!"

K 박사는 티격태격하는 긍정이와 부정이를 바라보며 따뜻한 표정으로 엄마가 묻힌 산소를 향해 윙크를 보냈습니다.

아직은 복제 인간을 만들면 안 되는 사회입니다. 연구해야 할 과제나 해결되어야 할 윤리적 문제들이 수두룩하거든요. 하지만 좋은 목적을 위한 연구는 거듭될 것이고, 오랜 시간이 걸리겠지만 언젠가는 인류에 공헌하는 연구 결과가 나올 것입니다.

줄기세포를 이용한 치료법

줄기세포는 수정란에서 모든 장기가 만들어지는 근원이 되는 세포로서, 몸을 구성하는 210여 가지의 세포로 자랄 수 있어 생명의 근간이란 의미에서 붙여진 이름이에요.

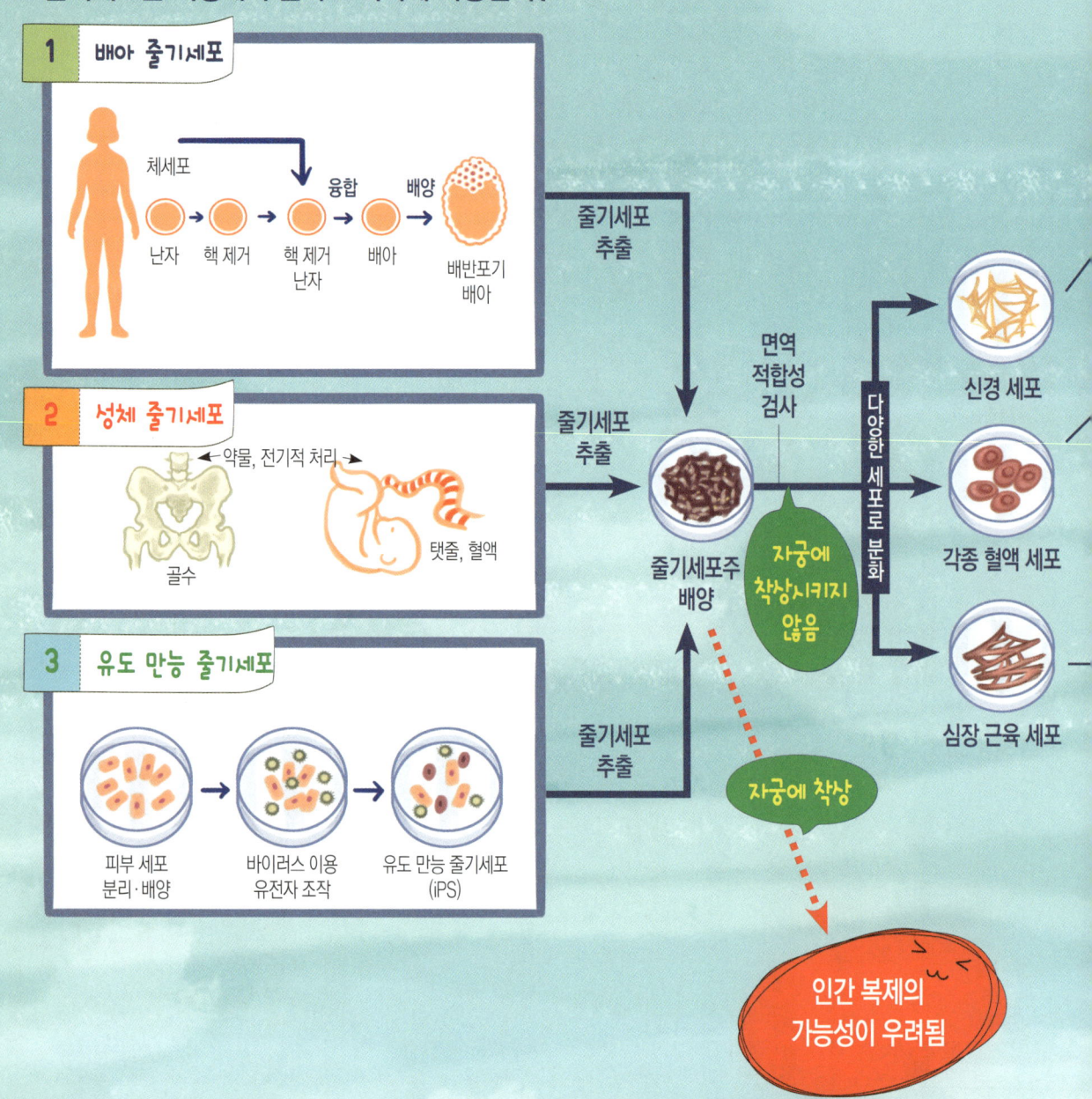

배아 줄기세포는 제 기능을 하지 못하는 세포나 장기를 대체할 수 있어 난치병에 줄기세포를 이용하려는 연구가 활발하게 이루어지고 있어요.

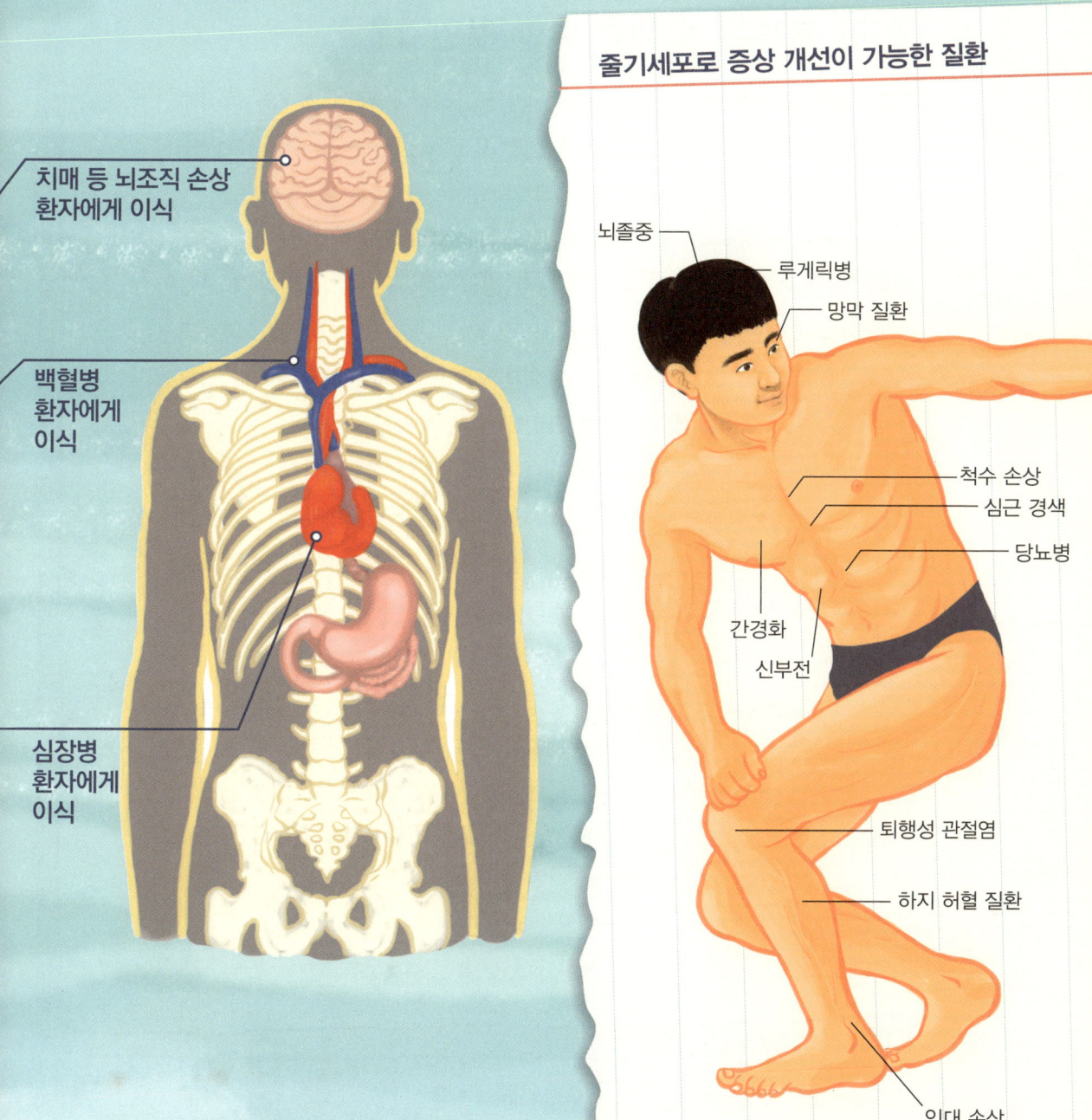

토론왕 되기!

인간 복제는 누구를 위한 것인가?

생명 공학(유전 공학) 기술의 발달은 인간의 미래에 대해 기대와 동시에 우려를 낳게 합니다. 유전자 조작과 인간 복제와 관련해서는 더욱 그렇습니다. 특히, 복제 전문가들은 인간 복제의 경우, 기술적으로 언제든지 가능한 것처럼 말합니다. 여기에다 생명 공학 기술을 활용하여 막대한 경제적 이익을 얻을 수 있다는 기대에 부푼 생명 공학 관련자들과 생명 산업 기업가들은 어떤 구실이라도 내세워 인간 복제, 아니면 인간 배아 복제를 하고자 원합니다. 그러나 아직 인간 복제가 어떤 결과를 불러올지를 정확하게 예측할 수 없는 현재로서는 그것에 기대를 갖는 것보다는 두려움을 가지고 진지하게 성찰할 필요가 있습니다. 즉, 각각의 생명 과학 기술 프로젝트가 진정으로 인간을 위한 것인지, 윤리적·사회적으로 정당하지 못한 점은 무엇인지 올바로 이해함으로써 생명 공학 기술의 발전이 단순히 경제 논리에 따라 진행되지 않도록 하고, 생명 과학 기술의 상품화가 가져올 위험성을 미리 없애야 합니다.

뿐만 아니라 생명 공학 관련자들이 '과학 기술로써 할 수 있다면 반드시 그렇게 해야 한다.'는 유혹에 쉽게 빠지지 않도록 타당한 근거를 제공할 수 있어야 하며, 경제적 이득에만 눈이 멀어 인간의 생명 가치를 훼손하지 않도록 올바른 생명 윤리 의식을 갖도록 일깨워 주어야 합니다.

돈을 벌기 위해서는 수단과 방법을 가리지 않는 생명 공학 기업가들은 인간 복제든 인간 배아 복제든 인간의 생명 존중에는 관심이 없습니다. 인간 배아 복제를 허용하면 인간 복제도 필연적으로 허용될 수밖에 없습니다. 이렇게 볼 때, 인간 복제의 이용과 영향에 대한 윤리적 우려는 정당하다고 볼 수 있습니다.

생명 공학과 의학의 결합으로 과거에 불가능했던 혜택을 인간이 다양하게 받고 있지만, 인간 생명 자체에 대한 예측할 수 없는 사회적·윤리적 문제들을 심각하게 고려하지 않는 것은 불행한 결과를 불러오게 될 것입니다. 인간의 자만과 통제되지 않는 욕구가 생명 공학 기술을 통하여 인간을 위협하고 나아가 인류의 종말을 초래할 수도 있기 때문입니다. 그러므로 생명의 존엄성과 인간의 존엄성을 해치는 어떠한 연구와 실험도 거부되어야 한다는 철저한 의식이 필요합니다. 따라서 우리는 생명 공학이 오로지 인류의 편안함과 행복에 기여할 수 있도록 감시해야 할 것이며, 생명 공학자들이 안심하고 연구할 수 있는 한계도 제시해 주어야 할 것입니다.

동물 복제와 줄기세포 연구가 가져올 이점이 크지만 연구 과정의 비윤리성과 인간 복제로 이어질 위험성을 내포하고 있습니다. 이 같은 생명 과학 기술 개발을 어디까지 허용해야 하는지 생각을 말해 봅시다.

🍚 동물과 인간이 결합된 미래

　어느 날 긍정이와 부정이는 K 박사가 개발한 복제 기술 미래 체험 시스템을 사용해 보기로 했습니다.
　이 시스템은 긍정이와 부정이가 예상한 미래 모습에 K 박사가 과학적 해석을 곁들여 만든 일종의 가상 현실 프로그램이었습니다.
　쑤우웅.
　긍정이와 부정이가 상상한 미래는 복제 인간과 인간이 같이 사는 사회였습니다.
　"우와, 사람들 얼굴이 다 똑같아."
　"이 사람들이 다 복제 인간일까?"

두 아이는 흥분해서 여기저기 둘러 보았습니다.

"얘들아, 미래 체험 시스템은 재미있니?"

그때 K 박사도 가상 현실 속으로 들어왔습니다.

"네, 아빠. 완전 신기해요!"

"여기는 어디까지나 너희들이 상상한 미래를 그린 공간이야. 즉, 인간 복제가 훗날 허용될 것이라는 전제로 재현한 미래 모습이란다. 가능성을 토대로 만든 미래 체험인 만큼 실제 미래와는 차이가 있을 수 있어."

긍정이는 이해했다는 듯이 고개를 끄덕이며 K 박사에게

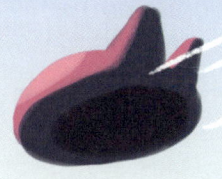

질문을 던졌습니다.

"그런데 미래에는 복제 인간이 왜 이렇게 많아지나요?"

"다들 똑같은 얼굴인 건 싫어."

"미래에는 의학의 발달로 인류의 수명이 늘어나서 노인들이 많아지는 반면, 아이는 적게 낳기 때문에 인구수가 줄어드는 저출산 고령화 시대가 올 가능성이 크단다. 그래서 부족해질 노동력을 복제 인간으로 대체하게 되는 것이지. 또한 단순한 복제가 아니라 DNA를 조정해서 특정 분야에 적합한 능력을 갖춘 복제 인간을 만들 수도 있어."

"그럼 이런 미래는 언제쯤이면 실현될까요?"

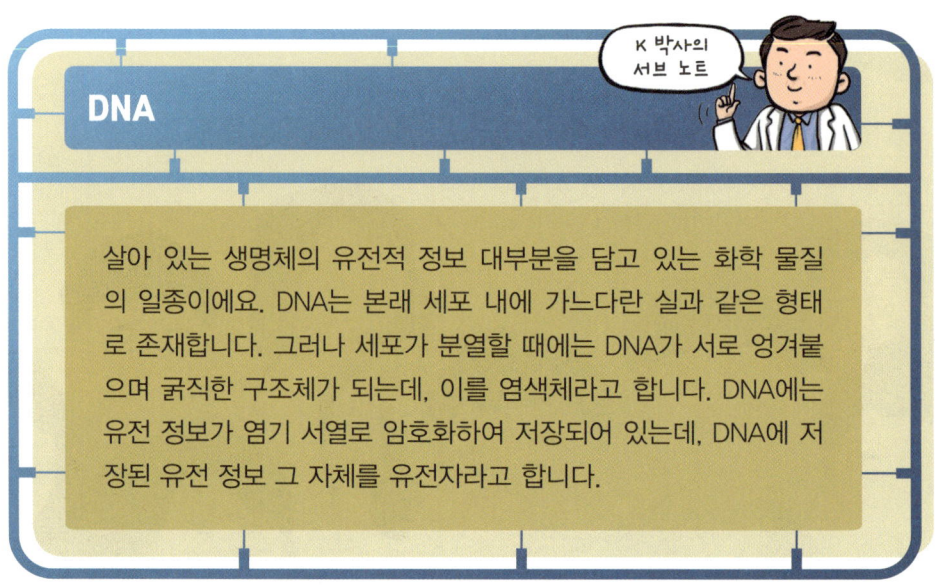

DNA

K 박사의 서브 노트

살아 있는 생명체의 유전적 정보 대부분을 담고 있는 화학 물질의 일종이에요. DNA는 본래 세포 내에 가느다란 실과 같은 형태로 존재합니다. 그러나 세포가 분열할 때에는 DNA가 서로 엉겨붙으며 굵직한 구조체가 되는데, 이를 염색체라고 합니다. DNA에는 유전 정보가 염기 서열로 암호화하여 저장되어 있는데, DNA에 저장된 유전 정보 그 자체를 유전자라고 합니다.

"현재 우리의 기술력으로는 복제 인간이 어렵긴 하지만 그렇다고 해서 전혀 불가능한 일도 아니야. 사회적 문제와 종교적인 문제 때문에 주저하고 있는 상태인 거지."

K 박사는 원숭이 같은 유인원을 복제할 수 있는 수준이라면 인간 복제가 불가능한 것은 아니라고 말했습니다.

"침팬지나 보노보의 유전자는 인간과 98.2% 정도가 일치해. 고작 2%도 안 되는 차이를 가지고 있는 거지. 그러니 유인원을 복제할 수 있다는 말은 인간 복제 역시 충분히 가능하다는 뜻이란다. 만약 솔로몬왕 시대에 인간 복제 기술이 있었다면 아이를 가르는 대신, 한 명 더 복제

해서 나누어 주지 않았을까? 자 그럼 다른 데로 가 볼까?"

가상 현실 속이기에 K 박사와 아이들은 순간 이동으로 장소를 옮겨 다른 곳으로 자리를 옮겼습니다.

세 사람이 도착한 곳은 간 이식 수술을 하는 병원이었습니다. 수술실에서는 누워 있는 환자의 간을 복제해 새로운 간으로 바꿔 주고 있었습니다.

K 박사가 말했습니다.

"줄기세포를 가지고 신체 일부를 복제해 이식용으로 사용하자는 의견도 있지. 그러나 이와 같은 경우도 많은 토론과 연구가 필요한 것 같아."

K 박사는 이번엔 아이들을 데리고 스포츠 경기장으로 갔습니다.

"미래의 어느 날에는 인간과 동물이 결합된 스포츠 경기가 생기게 될지도 몰라. 그걸 보러 가는 거란다."

"아빠, 여기는 육상 경기장이잖아요."

"그래, 지금은 순수한 인간의 능력으로 경기를 하지. 하지만 미래에는 달라질 수도 있단다. 저기를 보렴."

K 박사가 가리킨 곳은 경기장의 전광판이었습니다. 100m 세계 신기록이라고 쓰여 있고, 그 밑의 칸에 5.9초라고 되어 있었습니다.

"아빠. 저 전광판은 뭔가 잘못된 게 아닌가요. 세계 신기록이 5.9초라니요. 원래 인간이 아무리 빨리 달려도 9.5초라고 들었는데요."

"하하하, 그건 네 말이 옳아. 일단 경기를 보고 이야기를 나눌까?"

경기장에 여섯 명의 육상 선수가 등장하였습니다.

"헉, 저 선수들은 사람인가요?"

"뭐라고 이야기해야 할까? 혹시 키메라라는 말을 들어 봤니?"

"아니요. 키메라? 많이 들어 본 이름인데……."

"키메라는 그리스 로마 신화에 등장하는 요괴로 사자와 양과 뱀의 특징을 한 몸에 지니고 있지. 저들은 바로 신화 속의 키메라처럼 동물과 인간이 결합한 새로운 인간이야."

긍정이와 부정이는 흥미진진하게 경기를 지켜보았습니다.

탕! 하는 총소리가 들리는가 싶더니 선수들이 순식간에 들어와 버렸습니다. 1위 기록은 5.9초였습니다. 빨라도 너무 빨랐습니다.

"1등을 한 선수는 치타의 다리를 결합한 인간이구나. 치타는 100m를 5초대에 달릴 수 있는 능력을 가지고 있거든."

"인간과 동물의 결합체라……."

아무리 그렇다고 해도 긍정이와 부정이는 믿기지가 않았습니다.

K 박사는 미래의 과학자들이 이와 같은 연구를 하게 될 거라고 말했습니다.

현재 일본에서는 사람의 췌장을 가진 쥐나 돼지를 만드는 실험을 진행하고 있습니다. 사람의 췌장은 위장의 아래쪽에 위치한 기관으로 이자라고도 하는데 한번 탈이 나면 회복이 힘든 장기이기 때문입니다. 인간의 줄기세포를 양이나 돼지, 쥐 등에 넣어 인간의 장기를 배양해내는 것을 키메라 배아라고 합니다. 이러한 연구가 더욱 더 발전되면 미래에는 키메라 인간이 탄생하게 될지도 모르는 일입니다.

"아빠, 빠르기는 하지만 기분이 좀 이상해요. 나는 키메라가 싫어. 인간으로 남고 싶어요."

K 박사는 부정이의 말에 웃음을 지었습니다.

"그리고 미래에는 복제 인간의 원형이 된 사람의 기억도 복제하는 기

술이 생겨날 거다. 복제 인간에게 복제 전의 기억을 심는 작업이지."

"그런 기술은 왜 필요한 건가요."

"오, 부정이가 아주 예리한 질문을 하는구나. 과학에서는 좋은 질문이 중요한 사고란다. 자, 예를 들어 볼게. 죽은 누군가를 되살리기 위해 그 사람을 복제했다고 가정해 보자. 그런데 살아있을 때 모습을 그대로 재현하더라도 그 사람의 옛날 기억을 가지고 있지 않다고 한다면 그 복제된 인간은 그 사람 본인이라고 할 수 있을까? 물론 실제로는 인간을 복제할 때 그 나이 그대로 되살아나는 것이 아니라 원래 사람의 DNA

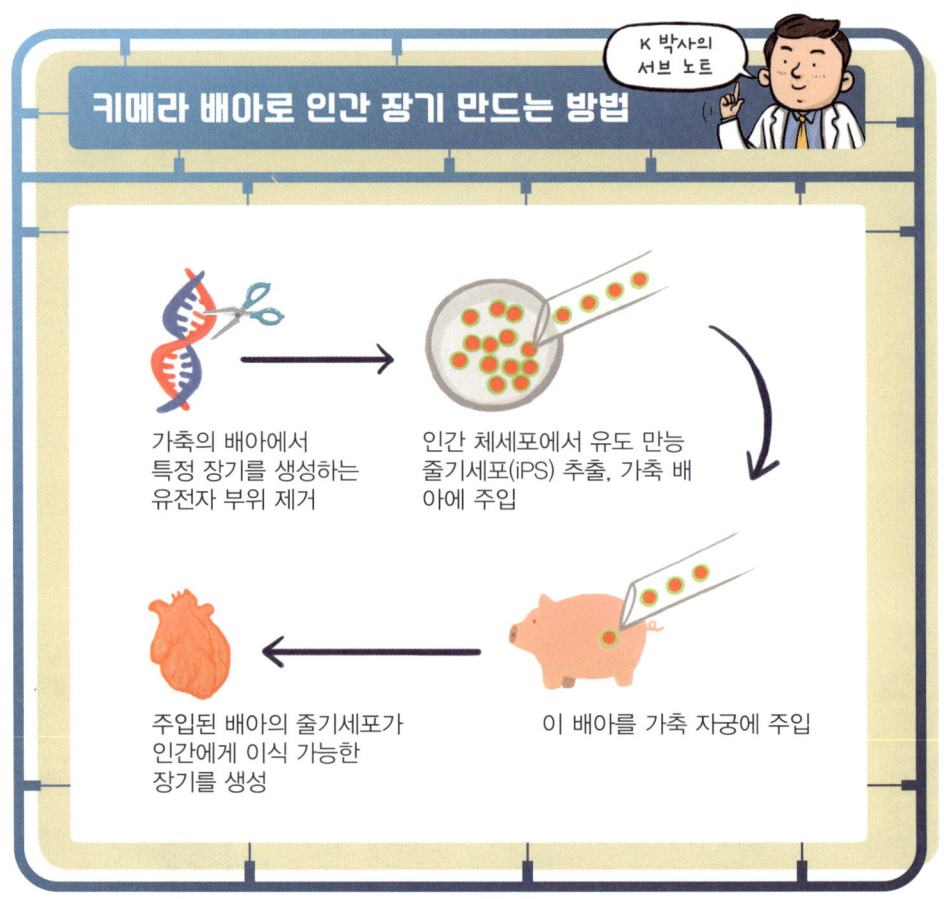

를 지닌 갓난아이로 태어나는 셈이지만 나이까지 재현하는 기술이 개발되었다 치고 돌아가신 어머니가 그리워서 자식이 어머니를 복제했는데 그 어머니가 자식을 기억하지 못한다면 복제할 이유가 없잖아."

"그렇겠네요."

"현재 기술로는 기억을 심거나 지우는 일이 불가능하단다. 하지만 기술이 발달한다면 언젠가는 꼭 실현될 것이라고 과학자들은 보고 있단다."

뇌까지 복제할 수 있어야 진정한 복제 인간이라고 할 수 있다는 K 박사의 말이었습니다.

"그리고 그 시작은 아마도 치매 환자의 기억을 되살려 내는 치료에서 연구가 진행될 것으로 여겨진단다. 치매 연구에도 복제 기술이 사용되곤 하지. 2016년에는 제주대학교 연구진이 인간의 치매 유전자 3개를 가진 복제 돼지를 만드는데 성공했어. 이 돼지를 연구하는 것으로 인간 뇌의 비밀에 한 걸음 더 다가서게 될 거야. 그리고 다른 쪽으로도 연구가 이루어지고 있어."

K 박사가 휴대 전화를 꺼내 한 외국인의 사진을 검색하여 보여 주었습니다.

"이 분은 누구예요?"

"이 사람은 자율 주행 자동차나 우주선 사업을 주도하고 있는 일론 머스크라는 사업가야. 이 사람이 세운 뉴럴링크라는 회사에서는 뇌에 초소형 칩을 심은 뒤 인간의 생각과 기억을 컴퓨터와 연결시키는 연구를 하고 있지. 이렇게 많은 과학자들과 연구자들이 인간의 뇌를 계속해서 연구하고 있기에 머지않은 미래에는 뇌에 기억을 심는 일이 가능해지리라 보고 있단다."

K 박사의 이야기를 들으면서 부정이와 긍정이는 알쏭달쏭해졌습니다. 이런 연구가 성공했을 때 그 결과가 인간의 삶에 밝은 미래가 될지 어두운 미래가 될지 도저히 짐작할 수 없었기 때문입니다.

미래의 인간 복제에 대비하며

K 박사와 긍정이, 부정이는 미래의 가상 현실에서 돌아왔습니다. K 박사는 긍정이와 부정이를 불러 언젠가는 다가올 미래에 대해 이야

기해 주었습니다.

"애들아, 인간 복제의 허용을 놓고 앞으로도 찬성과 반대 논란이 이어질 거야. 미래는 어찌될지 모르지만 인간 복제가 이루어진다면 그에 대해 우리는 어떻게 대비해야 할지 생각해 보도록 하자꾸나."

긍정이와 부정이는 초롱초롱한 눈빛으로 K 박사의 다음 말을 기다렸습니다.

"세계 여러 나라가 윤리적 문제 때문에 인간 복제를 법으로 금지하고 있어. 그러던 중, 2002년에 한 신흥 종교 단체가 인간 복제에 성공했다고 발표를 했단다. 이 단체는 인간 복제 결과에 대한 어떤 증거도 제시하지 못 하였기에 과학계는 이들의 발표를 거짓으로 보고 있어. 하지만 그와는 별개로 이 사건을 계기로 많은 이들이 인간 복제의 사회적·윤리적 문제를 두고 논쟁을 벌였지."

"어떤 논쟁이었나요?"

"과학의 진보는 막을 수 없다는 주장도 있었고, 인간의 존엄성을 해치는 일이 생길 수 있다는 주장이 나오기도 했어."

K 박사는 임신하기 힘든 부부들과 치료가 어려운 병을 앓고 있는 사람들은 찬성하는 쪽으로 주장했다고 했습니다.

"그들은 제도적으로 나쁜 방향으로 인간 복제가 쓰일 일이 없도록 하면 된다고 하였지."

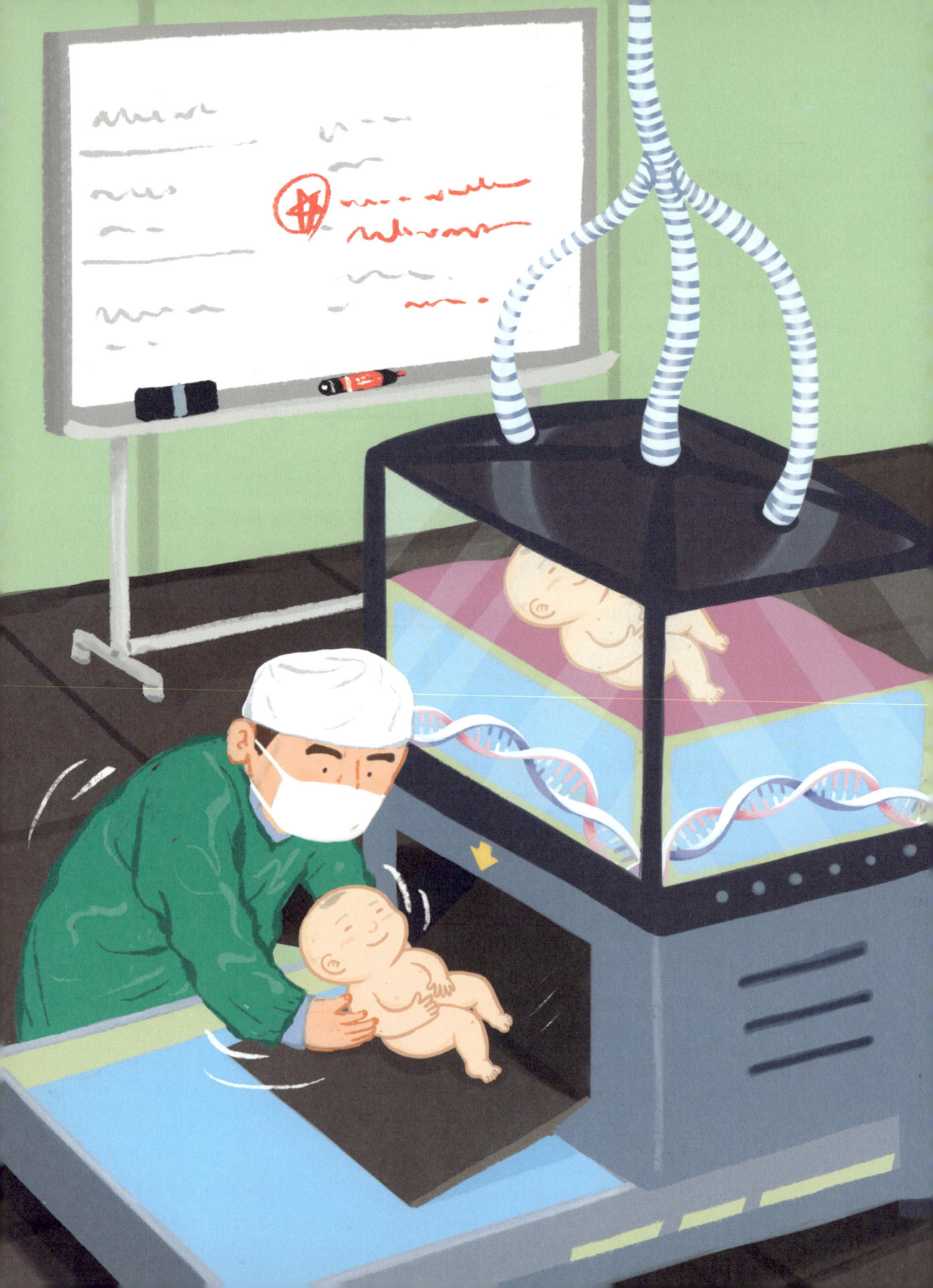

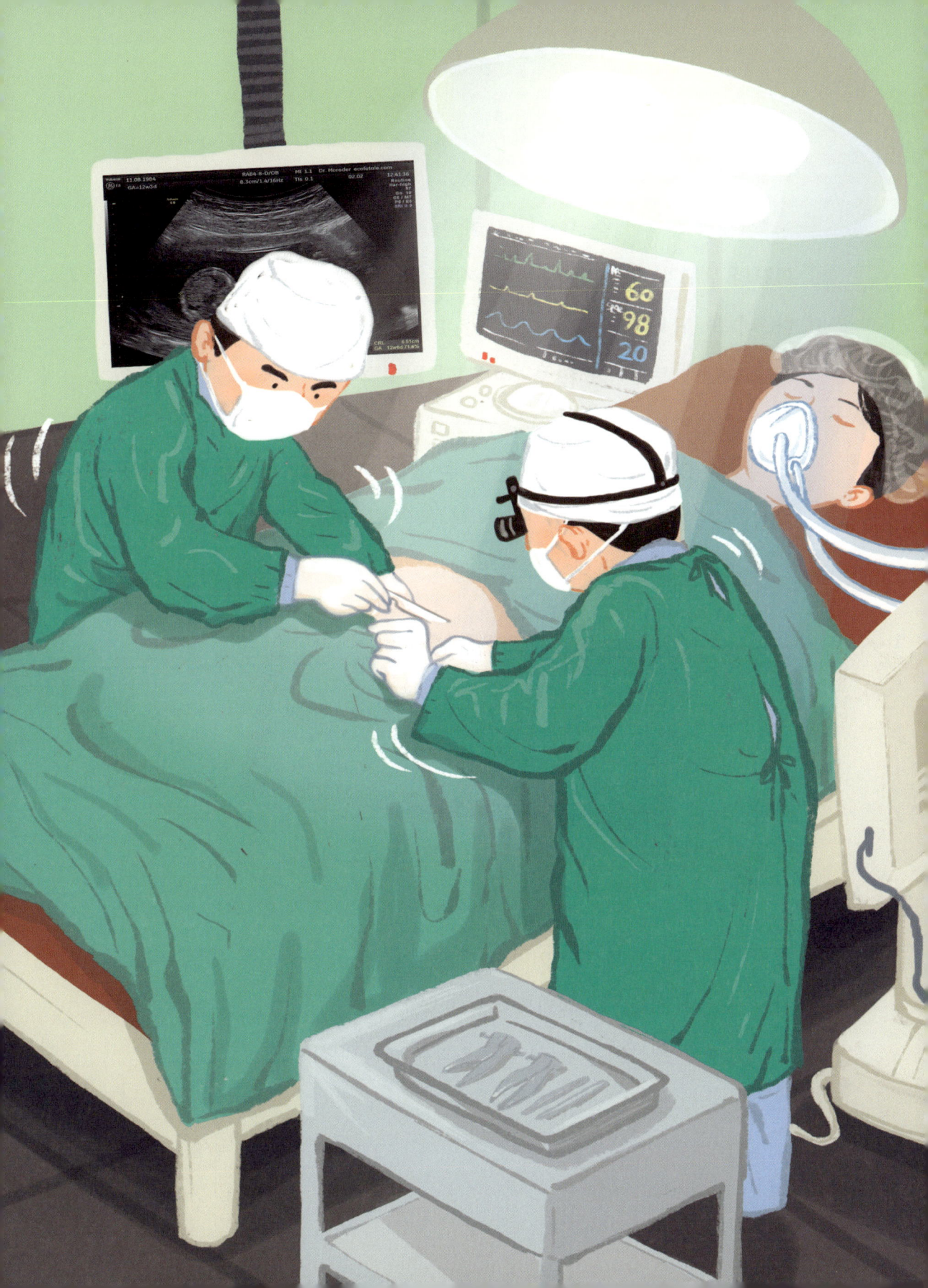

"그럼 반대하는 쪽에서는요?"

"현재의 복제 기술로는 낳은 어머니와 체세포 제공자 중 누가 복제 인간의 부모가 될 것인지 하는 문제를 일으킬 수 있다고 반대하고 있단다. 너희들도 생각해 봐. 누가 진짜 부모가 되어야 하는지."

긍정이와 부정이는 아무리 머리를 맞대고 생각해도 도무지 결론이 나지 않았습니다. 그렇습니다. 쉬운 결정의 문제가 아니었습니다.

아무리 DNA 지문으로 판단할 수 있다고 하지만 인간은 낳은 정을 무시할 수 없습니다.

K 박사는 또 다른 반대 주장을 말해 주었습니다.

"복제 인간이 탄생하면 유전자를 조작한 월등한 인간이 나와서 사람들 사이에 계급이 생겨날 수 있다고 염려하고 있단다. 잘난 사람과 못난 사람이 확실히 구분되는 그런 사회 말이야. 그럼 아마도 사회의 갈등이 심화될 수도 있겠지. 이것이 반대하는 입장의 주장이다. 하지만 과학자들의 연구를 막무가내로 막기보다는 그러한 지식을 어떻게든 좋은 방향으로 활용할지 진지하게 연구하는 것도 필요해."

"맞아요. 옛날 어른 세대들은 성형 수술이 나쁜 일인 것처럼 이야기했지만 지금은 미용 목적이나 심한 흉터가 있는 사람들의 얼굴을 바로잡는 좋은 쪽으로 활용되기도 하잖아요."

"음, 좋은 생각이구나. 부정이 생각은 어떠니?"

"저는 인간 복제를 이용해 목숨을 함부로 내다버리는 범죄 같은 것이 생길까 봐 두려워요."

"그것도 맞는 말이다. 이처럼 인간 복제의 문제는 결코 쉽게 결론이 나는 이야기는 아닌 것 같구나. 앞으로 많은 연구와 토론을 거쳐야 할 문제인 것은 확실하다. 하지만 우리 사회가 언제나 좋은 쪽으로 나아갈 수 있도록 너희들도 나도 노력하자꾸나."

"네, 아빠."

긍정이와 부정이는 서로를 바라보며 다짐하듯 고개를 끄덕였습니다. 한쪽 의견으로만 치우치지 않도록 두 아이는 앞으로도 서로를 보완하며 보다 나은 미래를 만들고자 더 좋은 해답을 찾기 위해 노력할 것입니다.

점점 커지는 줄기세포 시장

미국의 시장 조사 기업 잉크우드리서치는 2017년 발표한 '글로벌 줄기세포 시장전망'를 통해 2017년에 세계 줄기세포 시장이 628억 달러(약 70조 원) 규모를 이루었으며 2025년에는 3944억 달러(약 439조 원) 규모로 성장할 것이라고 내다보았다.

2016년 11억 달러(약 1조 2250억 원) 규모였던 한국의 줄기세포 시장 역시 2025년까지 연평균 26.67% 성장해 95억 달러(약 10조 5800억 원) 규모로 커질 것이라고 예측했다.

한국은 지난 2004년 최초의 상업용 줄기세포 임상 연구를 시작으로 2015년까지 46건의 임상을 진행했으며 현재 15%의 점유율로 65%의 미국에 이어 세계 2위 자리를 차지하고 있다.

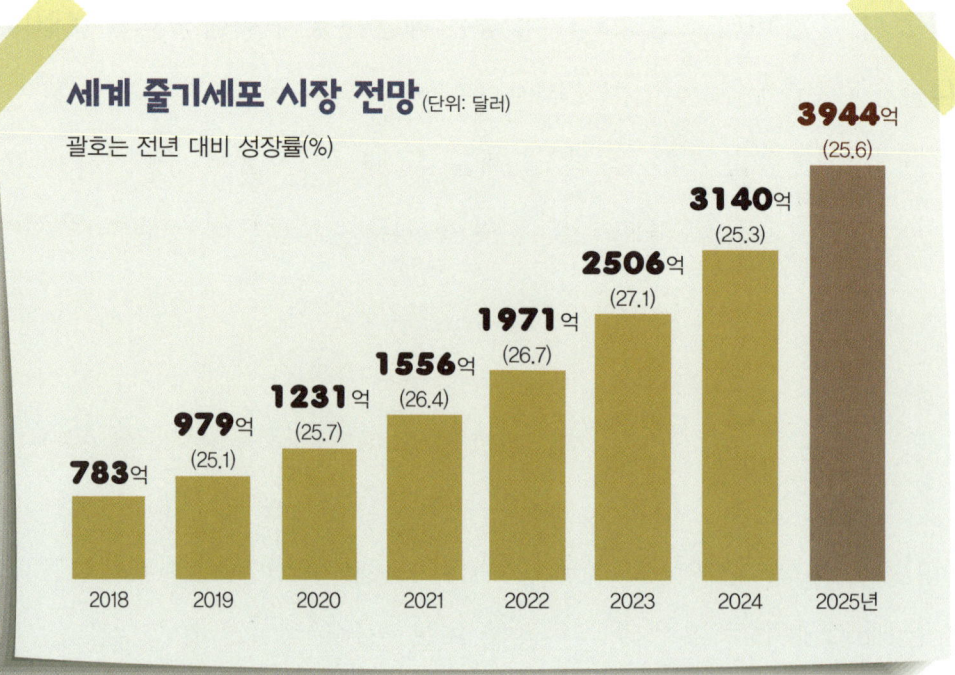

(자료: 잉크우드리서치)

국가별 생명 복제 법적 제한

배아 복제에 대한 국가별 기준

한국
2004년 '생명윤리 및 안전에 관한 법률'을 제정해 인간 복제를 위해 체세포 복제 배아를 자궁에 착상하거나 출산하는 행위를 금지하고 있다. 2012년과 2020년에 일부 개정을 거쳐 배아 줄기세포를 이용한 치료법은 여전히 불가능하지만 난임치료, 피임기술 개발 등 특정 연구의 임상 실험은 허용되었다.

미국
2016년에 '21세기 치료법'을 발효해 의약품 전반을 대상으로 의학적 필요에 따라 개발과 심사, 허가 지원을 실시하고 있다. 세포 조작은 최소한만 해야할 것, 동종간 사용만을 목적으로 해야할 것, 세포 또는 조직을 다른 물질과 섞지 말 것, 살아있는 세포의 대사 활성에 의존하지 말 것 등 네 가지 항목을 모두 충족해야만 한다.

유럽연합(EU)
2017년 3월부터 '개발 및 신속개발 지원제도(PRIME)'를 운영하고 있다. 해당 의약품이 환자들에게 유익성을 가져다줄 잠재력이 있다는 것을 초기 임상 시험 결과로 입증해야만 한다.

캐나다
'세포 치료제의 적용을 위한 임상 연구 신청 준비에 관한 지침'에 근거하여 줄기세포 임상 연구가 이뤄지고 있다.

인간 복제는 과연 허용돼야 하는가?

인간 복제는 인간의 체세포를 떼어 내어 이를 착상시키는 방법으로 유전적으로 동일한 또 다른 인간을 만드는 것을 말합니다. 《뉴욕타임스》에서 1993년 10월 24일 첫 보도한 것이 전 세계적으로 큰 관심을 모았는데요. 인간 복제와 관련하여 사용한 용어는 '인간 배아의 복제 기술'입니다.

복제 기술은 '생식 세포 복제'와 '체세포 복제'로 나뉘어요. 그러나 생식 세포 복제 방식이 체세포 복제 방식에 밀려 1990년대 후반부터 거의 사라지는 추세입니다. 체세포 복제 기술에 의해 지난 1997년 2월 복제 양 돌리가 탄생하였고 이후 각국에서 생쥐, 소 등의 체세포 복제가 뒤따랐어요.

체세포 복제는 생명체의 몸에서 세포를 떼어 내 이를 착상시키는 기술입니다. 즉, 다른 몸에서 추출한 난자의 핵을 빼고 그 대신 체세포를 투입하면 똑같은 복제 생물을 만들 수 있는 원리입니다. 따라서 체세포 복제는 난자와 정자가 결합하는 수정 과정 없이도 생명체를 탄생시킬 수 있습니다. 난자만 있다면 손톱이나 귀, 머리카락 등 몸에서 떨어진 세포 하나로도 자신과 유전 형질이 똑같은 복제 인간을 만들 수 있다는 것이죠.

'인간 복제 연구'가 가진 화두는 인간의 존엄성 위협과 21세기 생명 공학의 정점인 난치병을 치료할 수 있는 길이라는 것입니다. 우리는 과연 이 두 쟁점을 어떻게 받아들여야 하는 것일까요?

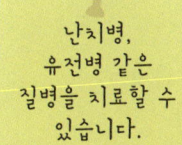
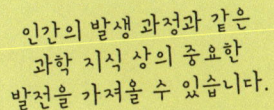

인간 복제 연구에 찬성합니다.

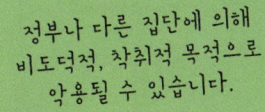

인간 복제 연구에 반대합니다.

위의 찬성과 반대 의견 이외에 또 다른 의견이 있다면 무엇인지 각자의 생각을 말해 봅시다.

미로 찾기

지금까지 인간 복제에 대해 많이 알게 되었나요? 주어진 질문에 답하면서 도착 지점까지 가 봅시다. 답을 틀리면 도착 지점에 갈 수 없어요.

> 어려운 용어를 파헤치자!

DNA 지문 DNA 염기 서열에 나타나는 개인 고유의 특징으로, 사람을 식별하는 데 사용하는 손가락 지문과 비슷하다고 해서 붙여진 이름이에요. DNA 지문이 사람마다 다른 이유는 우리가 가진 유전자가 어머니의 난자와 아버지의 정자로부터 각각 반씩 받은 것이기 때문이에요. DNA 지문은 범죄자를 가려내거나 친자 확인, 계보 연구 등에 활용되고 있답니다.

수정란 정자와 난자가 만나서 하나의 독립적인 개체가 되는 것을 말해요. 생명의 시작점인 수정란은 다음 세대를 준비하기 시작합니다. 난관에서 수정된 수정란은 자궁으로 이동하여 자리를 잡는데 이것을 '착상'이라고 해요. 착상된 현상을 임신이라고 부르는 거예요.

유전자 조작 기술 대부분의 생물은 DNA라고 불리는 동일한 물질로 구성되어 있어요. 그런데 한 생물의 DNA의 일부를 분리하고, 그 자리에 원하는 기능을 가진 다른 생물의 DNA 조직을 연결하여 다시 조합시킴으로써 새로운 DNA를 만들어 내는 것을 유전자 조작이라 해요. 이러한 유전자 조작 기술을 통해 인슐린, 인터페론 등과 같은 유용한 단백질을 대량 생산할 수 있고, 유전적으로 문제 있는 부분을 정상인 것으로 대체하는 유전자 치료에도 이용되고 있어요.

장기 이식 신장, 간장, 췌장, 폐 및 심장 등의 장기가 망가지거나 병에 걸려 쓰지 못하게 되었을 때 정상적인 다른 장기를 옮겨 붙이는 것을 말해요. 안구, 골수, 말초혈, 손·팔, 발·다리 등도 장기에 포함시키고 있어요. 장기 이식 수술은 건강한 다른 사람의 장기로 대체·이식하여 기능을 회복시키는 의료 행위로써 새 생명을 얻게 하는 치료법이라고 할 수 있습니다.

인간 복제 관련 사이트

국가 생명 윤리 정책원 www.nibp.kr
「생명 윤리 및 안전에 관한 법률」이 정한 바에 따라 생명 윤리와 관련된 문제점을 예측하고 쟁점을 인식하여 윤리적으로 갈등이 있는 사안에 대하여 올바른 정책을 제시하고 있어요.

한국 과학 기술 정보 연구원 scienceon.kisti.re.kr
과학·기술 및 이와 관련된 산업에 관한 정보를 종합적으로 수집·분석·관리하고 정보의 관리 및 유통에 관한 기술·정책·표준화 등을 전문적으로 조사·연구하고 있어요.

생명 공학 정책 연구 센터 www.bioin.or.kr
과학 기술 정보 통신부에서 추진하는 바이오 특위 등 실무를 추진하며 생명 공학과 연관된 각종 이슈와 정보들을 제공하고 있어요.

한국 분자·세포 생물학회 www.ksmcb.or.kr
분자 생물학, 세포 생물학의 기초 및 응용에 관한 연구 및 분자 및 세포 생물학에 관한 일반적인 관심을 주제로 한 학술 모임을 개최하고 정보를 교류하고 있어요.

국립 줄기세포 재생 센터 kscr.nih.go.kr
질병관리청이 한국 바이오 산업을 선도하기 위해 만든 센터예요. 줄기세포를 연구하는 기관을 소개하거나 지원해주고 있어요.

신나는 토론을 위한 맞춤 가이드

인간 복제에 대한 이야기를 재미있게 읽었나요? 인간 복제 기술의 장단점에 대해서도 알게 되었죠? 그 전에 마지막 단계인 토론을 잊지 마세요. 토론을 잘하려면 올바른 지식과 다양한 정보가 바탕이 되어야 해요. 책을 다 읽고 친구 또는 부모님과 함께 신나게 토론해 봐요!

잠깐! 토론과 토의는 뭐가 다르지?

토론과 토의는 모두 어떤 문제를 해결하기 위해 의견을 나누는 일입니다. 하지만 주제와 형식이 조금씩 달라요. 토의는 여러 사람의 다양한 의견을 한데 모아 협동하는 일이, 토론은 논리적인 근거로 상대방을 설득하는 일이 중요합니다. 토의는 누군가를 설득하거나 이겨야 하는 것이 아니기 때문에 서로 협력해서 생각의 폭을 넓히고 좋은 결정을 내릴 때 필요해요. 반면 토론은 한 문제를 놓고 찬성과 반대로 나뉘어 서로 대립하는 과정을 거치지요. 넓은 의미에서 토론은 토의까지 포함하는 경우가 많습니다. 토론과 토의 모두 논리적으로 생각 체계를 세우고, 사고력과 창의성을 높이는 데 도움을 준답니다.

토론의 올바른 자세

말하는 사람
1. 자신의 말이 잘 전달되도록 또박또박 말해요.
2. 바닥이나 책상을 보지 말고 앞을 보고 말해요.
3. 상대방이 자신의 주장과 달라도 존중해 주어요.
4. 주어진 시간에만 말을 해요.
5. 할 말을 미리 간단히 적어 두면 좋아요.

듣는 사람
1. 상대방에게 집중하면서 어떤 말을 하는지 열심히 들어요.
2. 비스듬히 앉지 말고 단정한 자세를 해요.
3. 상대방이 말하는 중간에 끼어들지 않아요.
4. 다른 사람과 떠들거나 딴짓을 하지 않아요.
5. 상대방의 말을 적으며 자기 생각과 비교해 봐요.

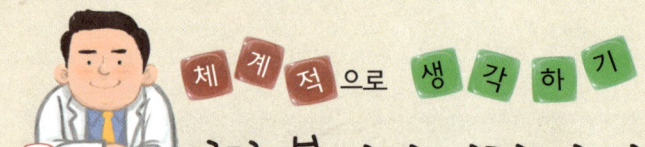

인간 복제에 대해 더 자세히 알아볼까요?

인간 복제는 무한한 가능성을 갖고 있지만 여러 이유로 인해 법으로 금지되어 있어요. 다음 글을 읽고 인간 복제를 찬성하는 사람과 반대하는 사람의 주장에 대해 각각 생각해 봅시다.

인간 개체 복제 기술은 수정란 분할과 체세포 핵이식의 두 가지 방법이 있어요. 수정란 분할법은 수정란이 4~8개의 세포로 분열한 상태에서 각각의 할구(세포)들을 분리해 내는 기술이에요. 이렇게 갈라진 세포들은 다시 완전한 개체로 분화할 수 있는 능력이 있으므로 각각을 자궁에 착상시킨다면 인공적인 쌍둥이들이 나오게 됩니다.

체세포 핵이식법은 성체의 체세포를 이용하는 방법이에요. 즉 성체의 체세포핵을 분리해 내어 여러 가지 처리를 거쳐 사람의 난자와 수정시켜 새로 분화하게 만드는 방법이에요. 이 수정란을 자궁에 착상시키면 핵을 떼어낸 성체와 유전적으로 동일한 새로운 아기가 탄생하는 거죠.

1997년 최초의 복제 양 돌리를 만든 과정을 보면, 세포의 분화 과정을 거꾸로 돌려 생명을 만드는 획기적 방법이었어요. 그 후 미국에서는 생쥐의 세포를 이용해 생쥐를 복제했고, 일본·뉴질랜드·프랑스·한국에서도 복제 소가 잇따라 탄생했어요. 이와 같은 방법을 통해 몇 년 이내에 인간 복제가 가능할 것이라고 예견하고 있어요.

하지만 인간 복제에 대해서는 세계적으로 찬반 양론이 맞서고 있답니다. 찬성하는 쪽에서는 불임 문제를 해결하고, 염색체 이상 등 선천성 결함을 예방하며, 신장이나 골수 등 장기 이식을 활성화할 수 있다고 보고 있어요.

한편 반대론자들은 복제 양 돌리가 탄생하기까지 무려 250여 회의 실험이 실패로 돌아간 것처럼 기형아 탄생이나 이른 죽음의 가능성이 크고, 복제 인간끼리의 결혼이 가족 공동체를 파괴하며, 유전적 동일성을 초래해 진화를 방해하고 질병에도 취약해질 수 있다는 문제점을 지적하고 있어요.

1. 인간 개체 복제 기술의 두 가지 방법의 중요한 특징을 말해 보세요.

2. 인간 복제에 대한 찬성과 반대의 이유를 정리해 보세요.

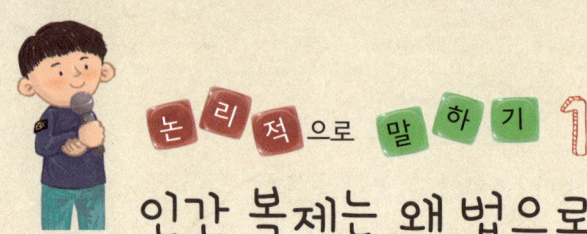

인간 복제는 왜 법으로 금지되었을까요?

다음은 '생명윤리 및 안전에 관한 법률(약칭: 생명윤리법)' 일부입니다. 내용을 잘 읽고 이 법이 왜 제정되었는지 말해 봅시다.

생명윤리 및 안전에 관한 법률

제1조(목적)
이 법은 인간과 인체유래물 등을 연구하거나, 배아나 유전자 등을 취급할 때 인간의 존엄과 가치를 침해하거나 인체에 위해(危害)를 끼치는 것을 방지함으로써 생명윤리 및 안전을 확보하고 국민의 건강과 삶의 질 향상에 이바지함을 목적으로 한다.

제20조(인간복제의 금지)
① 누구든지 체세포복제배아 및 단성생식배아(이하 "체세포복제배아등"이라 한다)를 인간 또는 동물의 자궁에 착상시켜서는 아니 되며, 착상된 상태를 유지하거나 출산하여서는 아니 된다.
② 누구든지 제1항에 따른 행위를 유인하거나 알선하여서는 아니 된다.

제21조(이종 간의 착상 등의 금지)
① 누구든지 인간의 배아를 동물의 자궁에 착상시키거나 동물의 배아를 인간의 자궁에 착상시키는 행위를 하여서는 아니 된다.
② 누구든지 다음 각 호의 행위를 하여서는 아니 된다.
　1. 인간의 난자를 동물의 정자로 수정시키거나 동물의 난자를 인간의 정자로 수정시키는 행위. 다만, 의학적으로 인간의 정자의 활동성을 시험하기 위한 경우는 제외한다.
　2. 핵이 제거된 인간의 난자에 동물의 체세포 핵을 이식하거나 핵이 제거된 동물의 난자에 인간의 체세포 핵을 이식하는 행위
　3. 인간의 배아와 동물의 배아를 융합하는 행위
　4. 다른 유전정보를 가진 인간의 배아를 융합하는 행위
③ 누구든지 제2항 각 호의 어느 하나에 해당하는 행위로부터 생성된 것을 인간 또는 동물의 자궁에 착상시키는 행위를 하여서는 아니 된다.

1. 인간 복제는 왜 법으로 금지되었을까요?

2. 이 법이 금지하고 있는 것은 구체적으로 무엇일까요?

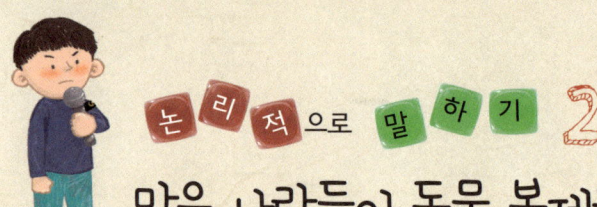

논리적으로 말하기 2
많은 사람들이 동물 복제를 반대하는 이유는?

다음 글은 동물 복제에 대한 기사입니다. 이 기사를 읽은 후 동물 복제의 문제점에 대해 생각해 봅시다.

기자 최근에는 사랑하는 반려동물과의 '이별' 대신 '복제'를 선택하는 사람들이 있습니다. 먼저, 죽은 반려견의 피부 세포를 모아 배양한 후 난자에 이식하고요. 이후 대리모 견의 자궁에 착상시키는 과정 등을 통해 복제 개가 탄생합니다.

앵커 이렇게 동물을 복제하려면 비용은 얼마나 드나요?

기자 미국의 경우 개를 복제하는 데 드는 비용이 5만 달러, 우리 돈으로 5천 6백만 원이 넘습니다. 절대 만만치 않은 가격이지만 6개월에서 10개월을 기다려야 할 만큼 수요는 꾸준히 증가하는 추세입니다. 중국도 동물 복제 시장이 빠르게 성장하고 있습니다. 중국의 경우 복제 개 서비스의 가격은 38만 위안, 6천 2백만 원 정도인데요. 현재 20여 명이 반려견 복제를 의뢰한 것으로 알려졌습니다.

앵커 하지만 인간의 욕심 때문에 반려동물이 복제되는 것은 아닌지에 대한 의문도 듭니다.

기자 네, 동물 보호 단체들이 반려동물 복제를 반대하는 이유가 거기에 있습니다. 생명을 인위적으로 만들고 훼손한다는 비판과 함께, 난자 채취나 자궁에 이식하는 과정에서 수많은 개가 희생되고 있다고 주장하고 있습니다. 논란은 또 있습니다. 중국의 생명공학 기업, 시노진(Sinogene)인데요. 이 회사는 지난 2017년, 동맥경화가 있는 개를 복제하면서 동맥경화 증상을 그대로 갖고 태어나게 해 유명해졌습니다. 특정 유전자를 제거하거나 조작하는 '유전자 편집' 기술을 이용한 건데요. 문제는 이 유전자 편집 기술로 어떠한 부작용이 생길지는 아무도 알 수 없다는 점입니다.

KBS 2019/01/07

동물 보호 단체들이 왜 동물 복제를 반대하는지 이 글에 나타난 이유를 적어 보세요.

# 창의력 키우기

나와 똑같은 유전 인자를 가진 사람을 만들어 내는 것, 공상 과학으로만 여겨졌던 인간 복제는 현재의 과학 기술만으로도 가능하다는 게 생명 공학자들의 얘기입니다. 그러나 복제 연구와 기술의 한계에 대한 명확한 규범이 없는 상황에서 생명 복제 기술은 잘못 사용될 경우 인류에 큰 재앙이 될 수도 있습니다. 인간 복제가 불러올 앞으로의 사회 변화에 대해 생각해 보세요.

예시 답안

인간 복제에 대해 더 자세히 알아볼까요?

1. 인간 복제 기술은 수정란 분할과 체세포 핵이식의 두 가지 방법이 있다. 수정란 분할법은 수정란이 4~8개의 세포로 분열한 상태에서 각각의 세포들을 분리해 자궁에 착상하는 방법이며 체세포 핵이식법은 성체의 체세포를 이용하는 방법으로 성체와 유전적으로 동일한 새로운 아기가 탄생할 수 있다.
2. 찬성: 불임 문제 해결, 선천성 결함 예방, 장기 이식 활성화
   반대: 기형이나 조기 사망의 위험성, 가족 공동체 파괴, 진화 방해, 질병에 취약해짐

인간 복제는 왜 법으로 금지되었을까요?

1. 이 법이 제정된 이유는 인간이나 유전자와 관련된 연구를 할 때 인간의 존엄과 가치를 침해하거나 인체에 해를 끼치는 것을 막아 생명윤리와 안전을 확보하기 위해서이다. 또한 국민의 건강과 삶의 질 향상에 이바지하는 것을 목적으로 만들어졌다.
2. 체세포 복제한 인간 배아를 인간이나 동물의 자궁을 이용해 출산하는 것을 금지한다. 또한 인간과 동물 사이의 수정 행위도 금지 대상이 된다.

많은 사람들이 동물 복제를 반대하는 이유는?

인간의 욕심으로 인해 생명을 인위적으로 만들고 훼손할 뿐만 아니라 난자 채취나 자궁에 이식하는 과정에서 수많은 개가 희생되고 있다. 또한 일부의 경우 복제 과정에서 유전자를 조작하는 유전자 편집 기술을 사용하는데 이로 인해 심각한 부작용이 생길 수 있다. 동물도 인간과 마찬가지로 살아있는 생명인 만큼 존엄성을 보장해야만 한다.

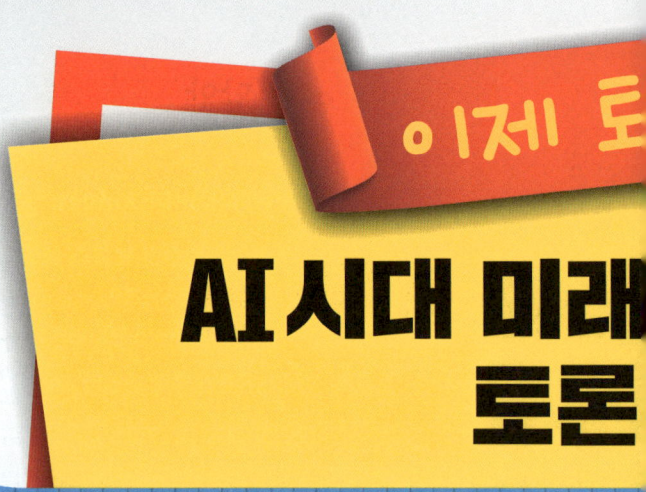

AI 시대 미래 토론

과학토론왕
정가 520,000원

✓ 뭉치북스가 만든 국내 최초 토론
✓ 한국디베이트협회와 교

뭉치수학왕

수학이 쉬워지고, 명작보다 재미있는

"인공지능(AI) 시대의 힘은 수학에서 나온다!"

개념 수학

〈수와 연산〉
1. 양치기 소년은 연산을 못한대
2. 견우와 직녀가 분수 때문에 싸웠대
3. 가우스, 동화 나라의 사라진 0을 찾아라
4. 가우스는 소수 대결로 마녀들을 물리쳤어
5. 앨런, 분수와 소수로 악당 히들러를 쫓아내라
6. 약수와 배수로 유령 선장을 이긴 15소년

〈도형〉
7. 헨젤과 그레텔은 도형이 너무 어려워
8. 오일러와 피노키오는 도형 춤 대회 1등을 했어
9. 오일러, 오즈의 입체도형 마법사를 찾아라
10. 유클리드, 플라톤의 진리를 찾아 도형 왕국을 구하라
11. 입체도형으로 수학왕이 된 앨리스

〈측정〉
12. 쉿! 신데렐라는 시계를 못 봤대
13. 알쏭달쏭 알라딘은 단위가 헷갈려
14. 아르키는 어림하기로 걸리버 아저씨를 구했어
15. 원주율로 떠나는 오디세우스의 수학 모험

〈규칙성〉
16. 떡장수 할머니와 호랑이는 구구단을 몰라
17. 페르마, 수리수리 규칙을 찾아라
18. 피보나치, 수를 배열해 비밀의 방을 탈출하라
19. 비례배분으로 보물섬을 발견한 해적 실버

〈자료와 가능성〉
20. 아기 염소는 경우의 수로 늑대를 이겼어
21. 파스칼은 통계 정리로 나쁜 왕을 혼내 줬어
22. 로미오와 줄리엣이 첫눈에 반할 확률은?

〈문장제〉
23. 개념 수학-백점 맞는 수학 문장제①
24. 개념 수학-백점 맞는 수학 문장제②
25. 개념 수학-백점 맞는 수학 문장제③

융합 수학
26. 쌍둥이 건물 속 대칭축을 찾아라(건축)
27. 열차와 배에서 배수와 약수를 찾아라(교통)
28. 스포츠 속 황금 각도를 찾아라(스포츠)
29. 옷과 음식에도 단위의 비밀이 있다고?(음식과 패션)
30. 꽃잎의 개수에 담긴 수열의 비밀(자연)

창의 사고 수학
31. 퍼즐탐정 썰렁홈즈①-외계인 스콜피오스의 음모
32. 퍼즐탐정 썰렁홈즈②-315일간의 우주여행
33. 퍼즐탐정 썰렁홈즈③-뒤죽박죽 백설 공주 구출 작전
34. 퍼즐탐정 썰렁홈즈④-'지지리 마란드라' 방학 숙제 대작전
35. 퍼즐탐정 썰렁홈즈⑤-수학자 '더하길 모테'와 한판 승부
36. 퍼즐탐정 썰렁홈즈⑥-설국열차 기관사 '어려도 달리능기라'
37. 퍼즐탐정 썰렁홈즈⑦-해설 및 정답

수학 개념 사전
38. 수학 개념 사전①-수와 연산
39. 수학 개념 사전②-도형
40. 수학 개념 사전③-측정·규칙성·자료와 가능성

정가 520,000원